Religion verstehen

6

Religion verstehen 6

Unterrichtswerk für katholische Religionslehre an Realschulen

Herausgegeben von
Matthias Bahr und Hans Schmid

Erarbeitet von
Matthias Bahr, Astrid Fuchs, Ruth Iff,
Hans Schmid, Kerstin Weidinger

Zugelassen als Lehrbuch für den katholischen Religionsunterricht an Realschulen von den Diözesanbischöfen von Augsburg, Bamberg, Eichstätt, München und Freising, Passau, Regensburg und Würzburg.

Illustration: Dorina Tessmann, Berlin, außer S. 50

Notensatz: Holger Jeschke, Hamburg

Umschlaggestaltung: Rosendahl Berlin

Layoutkonzept und technische Umsetzung: SOFAROBOTNIK GbR, Augsburg & München

www.cornelsen.de

1. Auflage, 2. Druck 2019

Alle Drucke dieser Auflage sind inhaltlich unverändert und können im Unterricht nebeneinander verwendet werden.

Druck: Grafisches Centrum Cuno GmbH & Co.KG, Calbe

ISBN 978-3-06-065547-2 (Schülerbuch)
ISBN 978-3-06-065718-6 (E-Book)

PEFC
PEFC/04-31-1370

PEFC zertifiziert
Dieses Produkt stammt aus nachhaltig bewirtschafteten Wäldern und kontrollierten Quellen.
www.pefc.de

Religion verstehen

6

Unterrichtswerk für katholische Religionslehre an Realschulen

Herausgegeben von
Matthias Bahr und Hans Schmid

Erarbeitet von
Matthias Bahr, Astrid Fuchs, Ruth Iff,
Hans Schmid, Kerstin Weidinger

KÖSEL SCHULBUCH

1 IM TAKT DER ZEIT – SEINEN RHYTHMUS FINDEN

2 „ICH WILL MITTEN UNTER EUCH WOHNEN!“ – GOTT NAHE SEIN

3 LICHT UND SCHATTEN – FIGUREN DES ALTEN TESTAMENTS

Liebe Schülerinnen und Schüler,

das neue Schuljahr hat begonnen. Im Religionsunterricht wird euch wieder viel Neues begegnen, das zum Staunen, aber auch zum Nachdenken einlädt; manches wird euch bekannt sein. Nun wird es vertieft behandelt. Bereits auf dem Umschlag dieses Buches seht ihr Stichwörter zu Themen, mit denen ihr euch in diesem Jahr beschäftigen werdet; schaut doch mal nach, welche Begriffe ihr schon kennt.

Wir haben dieses Buch **Religion verstehen** genannt, weil wir möchten, dass ihr am Ende des Schuljahres Religion besser „verstehen" könnt.

Sich im eigenen Glauben auszukennen und zurechtzufinden, sich mit anderen und Andersgläubigen über religiöse Fragen auszutauschen und zu verständigen, dazu möchte **Religion verstehen** beitragen.

So ist **Religion verstehen** aufgebaut:

- Die *erste Seite in jedem Kapitel* zeigt euch ein Bild, das in das Thema des Kapitels einführt.
- Die *Texte, Bilder und Lieder* auf den Doppelseiten verdeutlichen euch auf verschiedene Weise das Thema. Sie geben einen Zugang zu dem, was Glaube und Religion sind und wie sie sich heute zeigen.
- Die Seite **RELIGION VERSTEHEN** nimmt Ausdrucksformen von Religion in den Blick. Sie deckt vor allem auf, was das Besondere der religiösen Sprache ist, wie sie sich von der Sprache des Alltags unterscheidet und weshalb sie so wichtig und sinnvoll ist.
- Die **MENSCHEN**-Seite stellt euch Jugendliche, Frauen und Männer vor, die versuchen, in ihrem Alltag etwas von dem zu verwirklichen, was sie von der Botschaft Jesu verstanden haben.
- Die *letzte Seite in jedem Kapitel* gibt euch Gelegenheit, noch einmal auf das Thema des Kapitels zurückzublicken, eure eigene Meinung zu finden und zu begründen. Hier werdet ihr spannende Gespräche erleben.
- Am Ende des Buches findet ihr einen **PROJEKTVORSCHLAG**, **METHODEN** sowie das **LEXIKON**: Dort sind einige komplexe Methoden erklärt; diese sind im Buch mit hochgestelltem^{M} markiert. Die Lexikonwörter sind im Buch mit einem ▸ Pfeil markiert.

Religion verstehen lädt euch ein, euch von all diesen interessanten Texten, Bildern und Liedern überraschen zu lassen, bei ihnen zu verweilen und euch eigene Gedanken zu machen.

Dabei wünschen wir euch, dass ihr viel Neues entdeckt und Bekanntes neu und besser verstehen lernt. Denn Religion und Glaube sind so spannend wie das Leben selbst.

Die Lehrerinnen und Lehrer, die dieses Buch verfasst haben, und die Herausgeber

1 IM TAKT DER ZEIT – SEINEN RHYTHMUS FINDEN

Zeit messen – Zeit erleben

Alle erleben sie tagtäglich. Immer wieder haben Menschen darüber nachgedacht, was sie ist: die Zeit.

Was also ist die Zeit? Wenn niemand mich danach fragt, weiß ich's, will ich's aber einem Fragenden erklären, weiß ich's nicht.
Augustinus, ▸ Philosoph (354–430)

Die Zeit wischt alle Tränen fort.
Sprichwort

Kommt Zeit, kommt Rat.
Sprichwort

Monde und Jahre vergehen und sind immer vergangen, aber ein schöner Moment leuchtet das Leben hindurch.
Franz Grillparzer, Schriftsteller (1791–1872)

Zeit ist für den Menschen das, was für die Fische Wasser ist. Ein Element, in dem sie sich bewegen. Die schwimmen darin, ohne nachzudenken, worin sie schwimmen.
Karlheinz Geissler, Zeitforscher (*1944)

Eine Stunde mit einem hübschen Mädchen vergeht wie eine Minute, aber eine Minute auf einem heißen Ofen scheint eine Stunde zu dauern.
Albert Einstein, Physiker (1879–1955)

Wartet nicht auf die Zeit, von der ihr nicht wisst, ob ihr sie noch haben werdet.
Katharina von Siena, Ordensschwester (1347–1380)

Deine Zeit ist begrenzt, also verschwende sie nicht damit, das Leben eines anderen zu leben.
Steve Jobs, Mitbegründer von Apple (1955–2011)

1. Lies die Zitate. Wähle drei davon aus und erkläre im Klassengespräch, wie du sie verstehst; nenne zutreffende Beispiele.
2. Die Zeit auf der Uhr hat immer die gleiche Geschwindigkeit. Trotzdem kann die Zeit unterschiedlich erlebt werden.
   - Führt ein Brainstorming[M] zum Thema „Zeit" durch.
   - Vervollständigt die Sätze: Manchmal möchte ich die Zeit anhalten, wenn ...; manchmal möchte ich die Zeit beschleunigen, wenn ...
3. Betrachte das Bild von Blake Flynn und erkläre, was es zum Ausdruck bringt.
4. Entwirf ein eigenes Bild zur Aussage: „Ein schöner Moment leuchtet das Leben hindurch."

Blake Flynn, 2003

Die Sanduhr ist eines der ältesten Instrumente zum Messen der Zeit. Sie zeigt etwas über die Eigenart des Lebens.

Zeit online – Zeit offline

„Zeitvermehrer“

Das Internet eröffnet viele neue Möglichkeiten: Es bietet Zugang zu Informationen in sehr schneller und noch nie da gewesener Weise; in Netzwerken und Foren können Kontakte in die ganze Welt geknüpft und gepflegt werden; Videos und Filme lassen sich jederzeit abrufen oder können selbst eingestellt werden. PC, Handy und Internet bieten eine Vielzahl von Hilfen für den Alltag. Sie durchdringen alle Lebensbereiche und sind nicht mehr wegzudenken, weder privat noch in der Schule und Arbeitswelt. Sie helfen in vieler Hinsicht, Zeit zu sparen, die wir in anderer Weise nutzen können.

„Zeitfresser“

Das Internet enthält aber auch Gefahren: Viele Kinder, Jugendliche und Erwachsene sitzen täglich zu lange vor dem Bildschirm. Für viele ist die virtuelle Welt im Internet ein „Zeitfresser“, der ihre reale Welt zu verschlucken droht. Manche sind sogar süchtig. Dabei zeigt sich, dass der Mensch nicht nur etwas mit dem Computer macht; der Computer macht auch etwas mit dem Menschen.

Ich bin jeden Tag mindestens fünf Stunden online, Samstag und Sonntag sind es jeweils über zehn. Ich langweile mich offline und denke andauernd an mein Computerspiel. Das ist für mich wie ein Kick. Beim Zocken treffe ich meine Freunde. Schule finde ich öde und habe in den letzten Wochen einige Male den Unterricht geschwänzt, um länger online sein zu können. Wenn das rauskommt, gibt es richtig Stress.

MARC, 14 JAHRE

In den letzten Sommerferien sind wir zwei Wochen mit dem Rad an der Donau entlang von Regensburg nach Wien gefahren: meine Eltern, meine zwei Brüder und ich. Die Regel war: Handys werden nur am Abend eine Stunde eingeschaltet: Das sollte für alle gelten. Zuerst wollte ich deshalb gar nicht mit; dann aber war es sehr toll. Wir haben viel miteinander geredet; oft sind wir einfach nebeneinander hergeradelt, waren still und haben das Wasser und die Landschaft betrachtet.

ANJA, 13 JAHRE

Im Unterricht hatten wir die Aufgabe, zu einem Thema zu recherchieren. Ich habe mir gleich was zusammengegoogelt. Im Internet eingeben und klicken – das ist halt wirklich easy und super schnell. Dann klicke ich weiter und immer weiter. Das ist dann auch nervig. Woher weiß ich, ob ich nicht bei Fake-Infos gelandet bin?

LISA-MARIE, 12 JAHRE

Mein Smartphone ist die Tür zu meinen Freunden. Wenn ich etwas brauche, schreib ich ihnen einfach und sie reagieren sofort. So bin ich immer mit ihnen verbunden. Eigentlich ist das wie ein großes Netz, das man nicht sehen kann. Aber ich weiß, dass es da ist.

LUKAS, 13 JAHRE

Pawel Kuczynski, 2016

1. Das Internet – „Zeitvermehrer“ oder „Zeitfresser“? Diskutiert diese Frage mit der Placemat-Methode.

2. Benennt das Medium (Fernsehen, Radio, Buch, Internet, Smartphone), das ihr am häufigsten benutzt:
   - Wie geht es euch, wenn ihr lange Zeit am Stück dieses Medium nutzt? Wie würde es euch gehen, wenn dieses Medium für eine gewisse Zeit nicht zur Verfügung steht? Erzählt.
   - Lest die Zitate der Jugendlichen und verfasst eine Aussage, die auf euch selbst am ehesten zutrifft.

3. Versetze dich in die Situation, die auf dem Bild oben dargestellt ist. Was könnte der abgebildete Junge denken? Gestalte eine „Denkblase“ und lege sie auf das Bild.

4. Mein Tag: Zeichne einen Wochenplan und trage mit Farben die verschiedenen Arten ein, wie du die Zeit verbringst. Tauscht euch zu zweit darüber aus.

5. Tragt mit der Think-pair-share-Methode Gesichtspunkte für einen sinnvollen Umgang mit der Zeit zusammen.

Feste feiern

Stell dir vor, du müsstest sieben Tage in der Woche zur Schule gehen, die Erwachsenen würden ebenso jeden Tag arbeiten und es gäbe keinen Sonntag, keine Fest- und Feiertage. Gott sei Dank, es gibt sie, die Sonn- und Festtage. Sie unterbrechen den Alltag, sie gliedern die Zeit, geben ihr einen Rhythmus und bereichern unser Leben.

Wichtige Ereignisse im persönlichen Leben der Menschen sind Anlässe, ein Fest zu feiern: Geburtstage, das Bestehen der Mittleren Reife; aber auch christliche Festtage wie Weihnachten und Ostern, Erstkommunion und Firmung; oder staatliche Feiertage, wie der Tag der Deutschen Einheit.

Wenn wir feiern, laden wir Freunde und Verwandte ein, um mit ihnen die Freude zu teilen. Erst mit anderen zusammen wird ein Fest zu einem Fest. Wiederkehrende Elemente, sogenannte Rituale, tragen zum Gelingen eines Festes bei: eine gemeinsame Begrüßung, gutes Essen und Trinken, Musik und Gesang, Spiel und Tanz. Auch die besondere Kleidung, die wir tragen, hebt das Fest aus unserem Alltag heraus.

Wichtig ist aber nicht nur das Fest selbst, sondern auch die Vorfreude und die Erinnerung danach, etwa durch Fotos und Filme. Ein schönes Fest bleibt lange in den Menschen lebendig, denn Feste machen sozusagen die Seele frei: Sie stärken unser Selbstwertgefühl und können ermutigen und heilen. Wenn wir ein Fest feiern, erinnern wir uns, wer wir sind, wo wir herkommen und was für unsere Zukunft wichtig ist. Vor allem freuen wir uns, dass wir selbst und die Menschen, die mitfeiern, da sind, dass es uns gibt und wir uns an den Dingen, die uns geschenkt sind, freuen können.

Ein Leben ohne Feste und Feiern können wir uns eigentlich nicht vorstellen. Schon in früher Zeit, als die Menschen noch in Höhlen wohnten, haben sie gefeiert und sie werden es weiter tun, solange es sie gibt.

1. Tragt zusammen, wie ein Fest vorbereitet und gestaltet werden sollte, damit es gelingt. Achtet dabei besonders auf wiederkehrende Rituale.
2. Lies den Text und erstelle eine Mindmap zum Thema „Feste feiern“.
3. Im Text wird die Erinnerung an Feste erwähnt.
   - Tausche dich in Partnerarbeit darüber aus, an welche Feste im vergangenen Jahr du dich besonders gern erinnerst.
   - Stelle auf einer Seite in deinem Heft Fotos von Festen im zurückliegenden Jahr zusammen und schreibe darunter jeweils einen Kommentar.
4. Lest das Gedicht zuerst leise, dann laut. Tauscht euch über die Eindrücke aus.
5. Warum feiern wir Geburtstag? Welche Antworten gibt Matthias Claudius? Suche eine Aussage heraus, die für dich heute passt, wenn du Geburtstag feierst. Begründe deine Auswahl.

Zum Geburtstag

Ihr Leute, groß und klein, ihr wisst,
Dass heute unser Festtag ist
Und dass wir feiern müssen.
So fangt nur gleich frühmorgens an
Und bis die Stern am Himmel stahn,
Und singt und springt und springt und singt.

Denk heute niemand an Gefahr,
Und ob wir über hundert Jahr
Den Tag noch feiern werden.
Wir haben ihn ja heute noch,
Gott sei gelobt! so braucht ihn doch,
Und macht uns heut das Herz nicht krank und schwer.

Denn freilich! alles Ding vergeht,
Auch unser Festtag nicht besteht,
Er wird uns endlich fehlen.
Doch nicht so bald – fleht und hofft,
Er soll noch wiederkommen oft,
Soll oft noch wiederkommen!!!

Matthias Claudius (1740–1815) an seine Frau Rebekka zum Geburtstag

Was ist Weihnachten?

Advent kommt aus dem Lateinischen und heißt Ankunft; er ist eine Zeit der Vorfreude. Im Advent bereiten sich Christen auf das Fest der Geburt Jesu vor, das an Weihnachten gefeiert wird. Advent – das ist die Zeit des Wartens, die Zeit der Sehnsucht, dass Gott in unsere unfriedliche Welt kommt und hilft. Advent – das ist Warten auf Weihnachten und zugleich Warten darauf, dass Christus am Ende der Zeit wiederkommen wird, um die Welt heil zu machen. „O Heiland, reiß die Himmel auf", heißt es in einem Adventslied. Die Geschenke an Weihnachten sind ursprünglich ein Ausdruck dieser Freude, dass Gott Mensch geworden ist (vgl. Kap. 2, S. 38–39).

Für sein Kommen haben Lieddichter vor vielen Hundert Jahren auch das Bild des Schiffes verwendet, das in unserer Welt anlegt und „vor Anker geht". Mit einem Schiff ist die Vorstellung von Reise verbunden, die oft weit entfernt beginnt und über unsicheres Gewässer führt. Das Schiff bietet Schutz, Geborgenheit und bringt sicher zum Ziel. Das „Schiff" steht auch für Maria, die Jesus zur Welt bringt. So wie die Bibel erzählt, dass mit der Arche Noah nach der großen Sintflut die Welt neu begonnen hat, so soll mit dem Jesuskind, das durch Maria geboren wird, die Welt neu beginnen.

T: DANIEL SUDERMANN UM 1626/M: KÖLN 1608

Es kommt ein Schiff, geladen

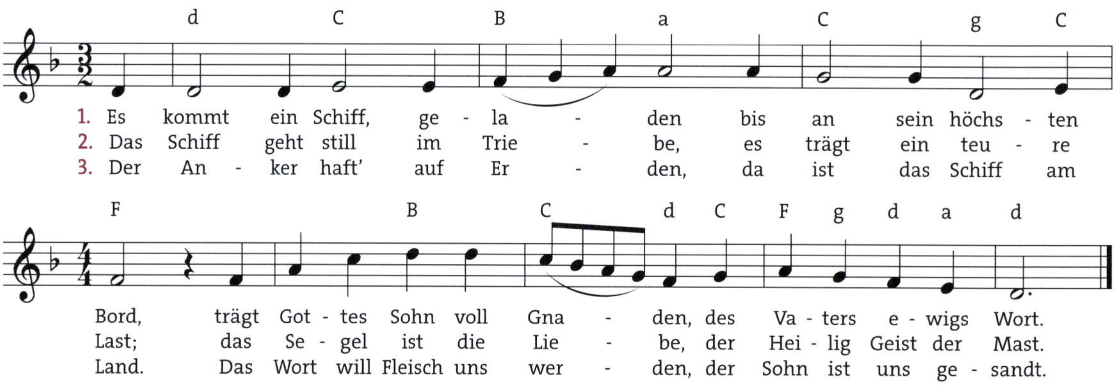

4. Zu Betlehem geboren
im Stall ein Kindelein,
gibt sich für uns verloren:
Gelobet muss es sein.

5. Und wer dies Kind mit Freuden
umfangen, küssen will,
muss vorher mit ihm leiden
groß Pein und Marter viel,

6. danach mit ihm auch sterben
und geistlich auferstehn,
das ewig Leben erben,
wie an ihm ist geschehn.

7. Maria, Gottes Mutter,
gelobet musst du sein.
Jesus ist unser Bruder,
das liebe Kindelein.

Bernardo Daddi, 1324

Der Himmel ist offen

Am zweiten Weihnachtsfeiertag, dem 26. Dezember, begehen Christen seit mehr als 1500 Jahren das Fest des heiligen Stephanus: Stephanus kümmerte sich in der Urgemeinde als Diakon vor allem um das Wohlergehen der Armen, Witwen und Waisen. Von ihm wird auch erzählt, dass er eindrucksvoll über Jesus predigen konnte. Doch Stephanus wendete sich auch gegen die Priester im Tempel von Jerusalem (vgl. Apg 7,44–50). Er warf ihnen vor, dass sie nicht nur Jesus, sondern auch schon viele Propheten zuvor verfolgt haben (Apg 7,51–53).
Als er in seiner Verteidigungsrede jedoch behauptete, er sehe den Himmel offen und Christus zur Rechten Gottes, löste das bei seinen Gegnern große Empörung aus. Sie trieben ihn aus der Stadt hinaus und erschlugen ihn mit Steinen. Mit dabei war auch ein junger Mann, der Saulus hieß (vgl. Kap. 4, S. 74–75). Stephanus ist damit der erste ▸ Märtyrer der Kirche.

1. Singt oder sprecht das Lied; „übersetzt“ es in heutige Worte. Formuliert, was es über Jesus aussagt.
2. Gestalte ein Bild mit dem Schiff, das die „teure Last“ zu den Menschen trägt. Macht dabei deutlich, dass das Schiff mit Schutz und Heil zu tun hat.
3. Betrachte und beschreibe das Bild von Bernardo Daddi. Im Text und in Apg 7,44–8,1 findest du Hilfen dazu.
4. Am 25. und 26. Dezember feiern Christen Weihnachten und das Stephanus-Fest. Erklärt euch gegenseitig anhand des Liedes, warum es sinnvoll ist, beide Feste so nah nebeneinander zu legen.

Projekt Hungertuch

Schülerinnen und Schüler der Klasse 8b in Schleiden haben ein Projekt gemacht zum Thema Flucht und was es heißt, ein Flüchtling zu sein. Dabei gestalteten sie ein Hungertuch.

Die Klasse berichtet

Im Religionsunterricht hatten wir gelernt, dass seit dem Mittelalter in der Fastenzeit große einfarbige Tücher in der Kirche aufgehängt wurden. Sie verdeckten den Blick, sodass die Gläubigen 40 Tage das, was ihnen Kraft und Hoffnung gab, nicht sehen konnten: den heilbringenden Christus am Kreuz und manchmal sogar den ganzen Altar, an dem die Eucharistie gefeiert wird. Sie nannten dies „Fasten mit den Augen“.

Später hat man diese Tücher kunstvoll gestaltet: oft mit Bildern aus der Leidensgeschichte Jesu. So haben sich die Menschen in der Fastenzeit auf Jesus am Kreuz konzentriert. Die Tücher wurden deshalb auch oft als „Schmachtlappen“ bezeichnet.

Vom Leiden und Schmachten heute

Diese alte Tradition des Hungertuches oder Schmachtlappens haben wir aufgegriffen. Dabei wollen wir zeigen, dass auch heute noch viele schmachten und an verzehrendem Hunger leiden: nach Brot, nach Liebe, einem guten Leben, Sicherheit, nach Hoffnung und Zukunft.

Die Geschichte von Paul

Wir haben das gemacht, nachdem uns Paul von seiner Flucht aus Nigeria erzählt hat. Auf einer Fläche von 3 × 2,7 Metern haben wir Stationen seines Weges dargestellt.

Die Klasse 8b mit Paul vor ihrem Hungertuch

Über zwei Jahre war er unterwegs, Bilder und Gegenstände erinnern daran:

- Die Stacheldraht-Krone verweist auf die Grenzen und Lager, die er überwinden musste.
- Mit dem Wasserschlauch sollte aus Flüchtlingen herausgeprügelt werden, wo sie ihre letzten Ersparnisse versteckt haben.

Mit viel Glück und Durchhaltewillen hat Paul es schließlich geschafft: Nun lebt er wie viele andere in einem engen Heim in unserer Nähe. Wir haben ihn in die Schule eingeladen, und er hat uns seine Geschichte erzählt und auch von seinen Plänen. Wenn er die Schule schafft, dann will er in einer Druckerei arbeiten, wie er es zu Hause auch schon getan hat.

Meditation über die Leiden der Welt

Unser modernes Hungertuch ist damit auch ein Meditationsbild geworden. Wenn wir es in der Fastenzeit im Gottesdienst aufhängen, können die Betrachter auf die Geschichte dieser Menschen aufmerksam werden. Jesus hätte es sicher gefallen, was wir gemacht haben. Auch heute gibt es so viele, die Erlösung suchen.

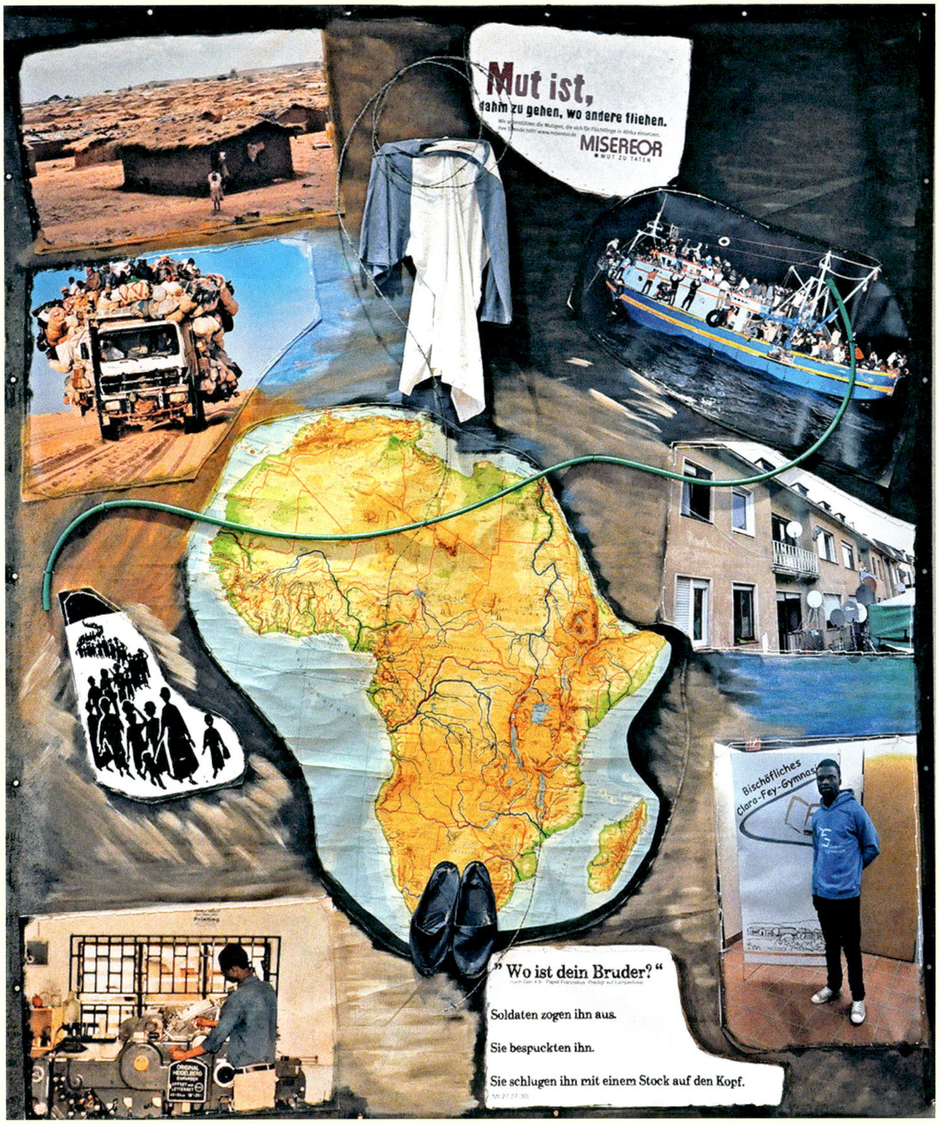

Hungertuch „Kreuzweg Afrika", 2014–2016

1. Betrachtet das Bild in Stille und tragt mit dem Kim-Spiel[M] zusammen, was ihr gesehen habt.
2. Erkläre in einem kurzen Text, was mit „Schmachtlappen" gemeint ist, und beschreibe darin, wo und wie heute Menschen „schmachten".
3. Erläutert: Wie kommen die Schülerinnen und Schüler der Klasse 8b zu der Aussage: „Jesus hätte es sicher gefallen, was wir gemacht haben"?
4. Schreibe ein Akrostichon zum Wort „Ostern". Jeder Buchstabe ist der Anfang eines neuen Wortes. Die Bilder und Texte auf dieser Doppelseite können dir Anregungen geben.
5. Gestaltet in Gruppen selbst ein Hungertuch – entweder als gemaltes Bild oder als Collage.

Jahres-Zeiten

Sonnenjahr

Unser Jahr dauert ca. 365 Tage und sechs Stunden. So lange braucht die Erde auf ihrer Bahn um die Sonne. Deshalb nennt man unser Jahr auch: das Sonnenjahr. Alle vier Jahre kommt im Februar noch ein „Schalttag" dazu und dieses „Schaltjahr" hat deshalb 366 Tage. So kann der „Sechs-Stunden-Überschuss" der Sonnenumlaufbahn ausgeglichen werden. Auf diese Weise geht unser Jahr auf den festen Rhythmus der Gestirne im Weltall zurück, genau wie unser Tag, an dem sich die Erde einmal um sich selbst dreht. Im Blick auf das Werden und Vergehen der Natur haben die Menschen das Jahr vor langer Zeit in zwölf Monate und vier Jahreszeiten eingeteilt: Frühling, Sommer, Herbst und Winter. Auch die Jahreszeiten hängen ab vom Abstand der Sonne zur Erde.

Kirchenjahr

Im Lauf der letzten 2000 Jahre hat sich bei den Christen noch eine andere Einteilung des Jahres entwickelt: das Kirchenjahr. Das Kirchenjahr ist über das Sonnenjahr „gelegt"; es ist wie eine Brille, mit der Christen auf das Jahr blicken: Im Mittelpunkt des Kirchenjahres steht Jesus Christus. In den Wochen und Monaten des Jahres feiern sie die Feste und Gedenktage, die um sein Leben und Wirken kreisen.

Weihnachten und Ostern

Das wohl beliebteste Fest ist *Weihnachten*, die Feier der Geburt Jesu Christi (vgl. Lk 2,1–21). Nicht weniger wichtig ist *Ostern*, an dem die Auferstehung Jesu Christi nach seinem Leiden und Tod gefeiert wird (vgl. Mk 14,1–16,20). Beide Feste sind von einem eigenen „Festkreis" umrahmt, der aus einer Vorbereitungszeit und einer anschließenden Festzeit besteht.

Weihnachtsfestkreis

Mit dem 1. Advent wird die Vorbereitungszeit eröffnet. Sie umfasst die vier Adventssonntage. Mit Heiligabend, dem 24. Dezember, beginnt die Weihnachtsfestzeit. Sie dauert bis zum Sonntag nach dem Dreikönigsfest, dem 6. Januar.

Osterfestkreis

Die Vorbereitung ist die österliche Bußzeit, oder auch Fastenzeit. Sie beginnt mit dem Aschermittwoch und dauert 40 Tage. Am Palmsonntag, dem Sonntag vor Ostern, tritt die Fastenzeit in die Karwoche ein. Die österlichen Drei Heiligen Tage selbst dauern vom Gründonnerstagabend über den Karfreitag, Karsamstag bis Ostersonntag. Die Osterfestzeit endet am Pfingstsonntag, 50 Tage nach Ostern.

Jahreskreis

Die Zeiten zwischen dem Weihnachts- und dem Osterfestkreis nennt man „Zeit im Jahreskreis". Das Kirchenjahr beginnt nicht mit dem 1. Januar, sondern mit dem 1. Advent, mit der Erwartung der Geburt Jesu Christi.

Anno Domini

Nicht nur das Kirchenjahr, sondern die Zeitrechnung insgesamt hat bei uns mit Jesus zu tun: Jedes Datum, das wir schreiben, misst den Tag seit der Geburt Jesu Christi. Früher wurden deshalb oft zum Datum die lateinischen Wörter „Anno Domini" hinzugefügt, was übersetzt bedeutet: „Im Jahr des Herrn Jesus Christus". Neben der christlichen Zeitrechnung gibt es auch eine jüdische Zeitrechnung; sie beginnt mit der Erschaffung der Welt, wie sie die Bibel erzählt, also im Jahre 3670 vor Christus. Die islamische Zeitrechnung beginnt in dem Jahr, in dem der Prophet Muhammad von Mekka nach Medina geflüchtet ist; es war das Jahr 622 n. Chr.

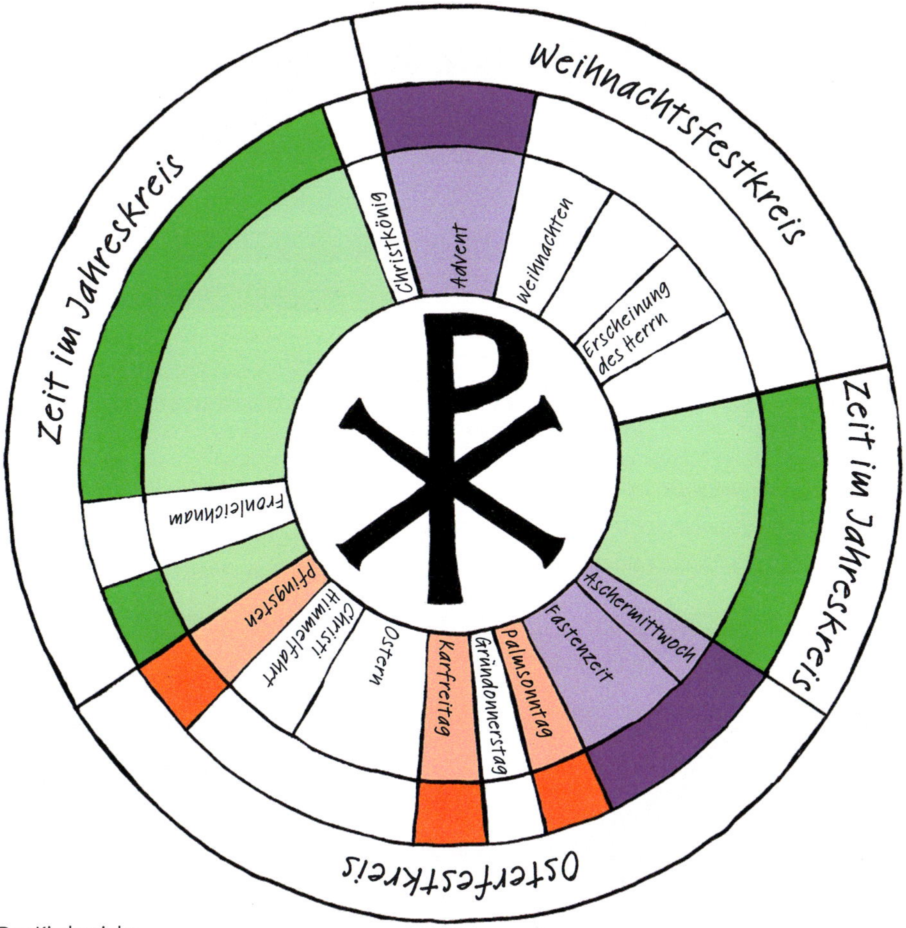

Das Kirchenjahr

FARBEN IM KIRCHENJAHR

Violett	= Zeichen für Umkehr (Vorbereitungszeiten)
Weiß	= Zeichen für Feierlichkeit und Freude (Weihnachten, Ostern)
Rot	= Zeichen für Feuer und Blut (Pfingsten, Märtyrerfeste)
Grün	= Zeichen für Hoffnung (übrige Zeit im Jahreskreis)

1. Das Kalenderjahr beginnt am 1. Januar, das Kirchenjahr beginnt schon am 1. Advent. Benenne den Grund.
2. Erfasst die einzelnen Feste des Weihnachtsfestkreises, des Osterfestkreises und des Jahresfestkreises auf einer Liste:
   - Tragt in der Gruppe zusammen, was ihr über die einzelnen Feste wisst. Denkt dabei auch an die Erzählungen aus der Bibel.
   - Wählt aus den drei Gruppen jeweils ein euch unbekanntes oder weniger bekanntes Fest aus und recherchiert im Internet. Berichtet in der Klasse.
3. Das Zeichen in der Mitte des Kreises – das sogenannte Christusmonogramm – steht für Jesus Christus (siehe S. 79). Erläutere, warum dieses Zeichen im Mittelpunkt steht.
4. Fasse zusammen, was mit der „christlichen Zeitrechnung“ gemeint ist, und trage das Ergebnis in einem Statement vor.
5. Beginne in dieser Woche die Datumsangaben in deinem Heft jeweils mit „Anno Domini“ oder der deutschen Übersetzung. Achte darauf, was sich beim Schreiben in deiner Wahrnehmung verändert.

Alte und neue Bräuche

Osterei und Seelenzopf

Wer an Ostern denkt, dem fällt meist sofort einiges ein, das zu diesem Fest gehört: Osternester suchen und Ostereier essen. In manchen Familien werden die Großeltern und Verwandten zum Osterfrühstück eingeladen: Es gibt Osterschinken mit scharfem Meerrettich und Osterbrot; die Osterkerze aus der Osternacht wird angezündet und alle wünschen sich „Frohe Ostern". Für Menschen, die diese Bräuche üben, gehören sie zu Ostern und ihnen würde etwas fehlen, wenn diese plötzlich nicht mehr praktiziert werden.

Beim Seelenzopf ist es schon anders. Wer kennt noch den Brauch, bei dem für den 2. November, dem Fest ▸ Allerseelen, Hefeteig zu einem Zopf geflochten und gebacken wird? In manchen Gegenden wird eine Kerze auf den Seelenzopf für die verstorbenen „Seelen" gesteckt, in anderen wird der Zopf am Grab eines Verstorbenen aufgehängt. Die Familien halten so die verstorbenen Angehörigen in der Erinnerung lebendig.

Menschen brauchen Bräuche

Bräuche sind aus langer und wiederholter Übung entstanden und schließlich eine Gewohnheit geworden, die wie selbstverständlich zum Leben gehört. Wenn sie fehlen, bleibt eine seltsame Leere, so wie ein Osterfest ohne Osterei. Man könnte also sagen: Menschen brauchen Bräuche!

Viele Bräuche haben sich über das Jahr hinweg zu den kirchlichen Festen gebildet. Vor allem an Weihnachten und Ostern, zur Sonnwende im Juni (Johannisfeuer) und an Allerheiligen im Herbst. Dadurch feiern die Menschen den Glauben in ihrem Leben. Aber auch bei allen anderen wichtigen Ereignissen haben sich Bräuche entwickelt: von der Geburt bis zum Tod. Immer kommen Menschen zusammen und feiern die Ereignisse mit den unterschiedlichsten Bräuchen.

Warum sind religiöse Bräuche wichtig?

Bräuche sprechen uns auf vielfältige Weise an: Es gibt etwas zu sehen, zu hören, zu riechen, zu schmecken, zu fühlen. Ein schön geschmückter, hell erleuchteter Christbaum im Wohnzimmer, eine Weihnachtskrippe, Weihnachtslieder, der Geruch von Räuchermännchen, all das kann sich als die besondere Stimmung des Weihnachtsfestes einprägen.

Bräuche zeigen uns, dass für ein gutes Leben die Gemeinschaft notwendig ist. Oft erzählen Menschen später vielleicht von einer Hochzeit, die sie zusammen gefeiert haben, und erinnern sich an besondere Erlebnisse.

Adventskranz und Adventskalender

Bräuche kommen und gehen. Sie verändern sich – das ist ganz normal. So ist der Adventskranz erst im Jahre 1839 von Johann Hinrich

Wichern aus Hamburg eingeführt worden. Wichern kümmerte sich um Straßenkinder und wollte ihnen die Zeit bis Weihnachten verkürzen. So durften sie vom ersten Advent an jeden Tag eine Kerze anzünden – werktags eine rote, sonntags eine weiße.

Ähnlich ist es auch mit dem Adventskalender, den es etwa seit 1850 gibt. Am Anfang haben Familien jeden Tag ein Bild zum Advent aufgehängt oder einen Strohhalm in die Krippe gelegt. Daraus ist schließlich der Adventskalender entstanden. Manche Adventskalender haben am 1. Advent begonnen, andere am 1. Dezember. Inzwischen sind Adventskranz und Adventskalender feste Bräuche geworden, die es zuvor nicht gab, obwohl schon viele Jahrhunderte Advent und Weihnachten gefeiert wurden.

Neue christliche Bräuche?

Viele Bräuche entstehen auch, ohne dass man weiß, wo sie genau angefangen haben. Sie können auch wieder vergehen, wenn ihr Sinn für die Menschen verloren gegangen ist. Das ist nur dann schlimm, wenn an ihre Stelle nicht etwas Neues tritt und so eine Leere entsteht.

Seit ein paar Jahren ist es zum Beispiel möglich, zu einem Geburtstag oder einem anderen Fest eine E-Card mit guten Wünschen zu senden. Oder man kann im Internet Kerzen zum Gedenken an Verstorbene entzünden. Auch Onlinekerzen zum Geburtstag oder Ähnliches sind möglich.

Seit ungefähr 1990 gehen in Deutschland Kinder am Abend des 31. Oktober als Monster verkleidet von Tür zu Tür und rufen „Süßes oder Saures". Oft sieht man einen ausgehöhlten und beleuchteten Kürbis mit einem Gesicht vor der Haustür. Vielen ist nicht klar, dass *Halloween* eigentlich aus Irland stammt. Was der Brauch ursprünglich mit dem Glauben zu tun hat, drückt sein Name aus: *Halloween* ist eine Kurzform für *All Hallows' Evening*, also „aller Heiligen Abend" am „Vorabend von Allerheiligen" (1. November). Es ging bei diesem Brauch ursprünglich um ein Totengedenken. So sollten Lichter vor dem Haus herumirrende Seelen begrüßen, die Fratzen böse Geister vertreiben.

Bräuche können sich also wandeln, mit anderen Traditionen vermischen und nur noch lose Verbindungen zum Ursprung haben. Ob ein Brauch Bestand hat, hängt letztlich davon ab, ob damit ein Sinn verbunden werden kann. So wie beim Brauch des Sternsingens, bei dem Kinder am 6. Januar sich als die Heiligen Drei Könige verkleiden, von Tür zu Tür gehen, die Wohnungen segnen und für Gleichaltrige in Not Spenden sammeln.

1. Im bebilderten Text werden verschiedene Bräuche angesprochen. Vielleicht feiert ihr noch ganz andere.
   - Erzählt euch davon.
   - Gestaltet die zu den Bräuchen gehörenden Gegenstände und Symbole in einem Bild oder auf andere Weise.
2. Wählt einen Brauch aus und haltet einen Kurzvortrag darüber.
3. „Menschen brauchen Bräuche". Erläutert diesen Satz und nehmt dazu Stellung.
4. Sucht im Internet eine Seite, auf der Onlinekerzen angezündet werden. Vielleicht wollt ihr selbst eine Kerze anzünden. Überlegt euch für wen und fügt einen kurzen Text dazu.

Liegt es an uns, ob es Sonntag wird?

In der folgenden Geschichte sucht Patrick den Sonntag. Ein verdutzter Polizeibeamter nimmt seine Vermisstenanzeige entgegen. Robert Tobler erzählt:

„Guten Tag. Kann ich hier anmelden, wenn etwas verschwunden ist?"

„Was ist verschwunden oder gestohlen worden?"

„Der Sonntag."

„Nicht ‚wann', sondern ‚waaas'?"

„Der Sonntag."

„Ich frage Sie, was ist gestohlen worden oder verschwunden?"

„Genau wie ich sage: Der Sonntag ist verschwunden. Ich bin in die Stadt gekommen, um zu sehen, was Sonntag ist. Nirgends habe ich den Sonntag gefunden. Haben Sie ihn erlebt?"

„Nein, gestern hatte ich Dienst."

„Ich will melden, dass der Sonntag nicht mehr da ist."

„Machen Sie keine Witze. Gestern war Sonntag."

„Nicht für mich. Und nicht für Sie."

„Im Kalender stand trotzdem ‚Sonntag'."

Der Polizist nahm den Telefonhörer. „Könnten Sie schnell kommen?" Und ganz leise: „Ein schwieriger Fall. Ich wäre froh."

Bald darauf erschien der Chef. „Worum geht's?"

Der Polizei-Oberbeamte machte ein ernstes Gesicht. Nach einer Weile lächelte er und sagte: „Wir nehmen es zu Protokoll. Einmal etwas anderes als immer die gestohlenen Fahrräder, Autos und Geldbeutel." Nach zehn Minuten war die Sache erledigt. Patrick musste das Ganze durchlesen und unterschreiben.

Welche Überraschung, als er am Abend kurz vor den Nachrichten am Radio hörte: „Eine Vermisstenmeldung der Polizei. Vermisst wird ‚Der Sonntag'; früher allgemeiner Ruhe- und Feiertag der Christen; seit längerer Zeit im Lärm und Betrieb und in der Langeweile der Menschen untergegangen."
Gab das einen Sturm! Das Telefon bei der Polizei lief heiß.

Ob sie von allen guten Geistern verlassen seien, so dummes Zeug herauszulassen, sagte einer. „Ich bin gestern mit Freunden über sieben Alpenpässe gefahren. Das war ein Sonntag wie schon lange nicht mehr."

Ein Pfarrer meinte, die Polizei übertreibe. Bei ihm und den 300 Gottesdienstbesuchern hätte der Sonntag stattgefunden.

Ein Junge rief an: „Für mich ist der Sonntagmorgen langweilig. Die Eltern schlafen sehr lange. Ich kann höchstens leise Radio hören."

Kaum war der Telefonhörer aufgelegt, klingelte es von Neuem. Ein Schüler erzählte, für ihn sei das ein schöner Tag. In seiner Familie dürfe abwechslungsweise jeder einen Vorschlag machen, was man gemeinsam unternehme. Ein Kind berichtete, es besuche gern den Jugendgottesdienst. Sie hörten dort schöne Geschichten. Auch die Lieder gefielen ihm. Aber zu Hause gäbe es manchmal Streit. Ein Mann war der Ansicht, am Sonntag fühle er sich frei. Da müsse er gar nichts müssen. Er lese oder schlafe oder spaziere. Er lebe einfach.

Am Dienstag wollte ein Zeitungsmann mit Patrick sprechen. „Warum haben Sie diese Verlust-Anzeige aufgegeben?", fragte er.

„Weil der Sonntag so wertvoll ist, und wenn etwas sehr wertvoll ist und verschwindet, muss man es suchen, bis man es wieder hat."

Paul Klee, 1928

Tag der wahren Sonne

Der Name „Sonntag“ kommt von den Römern. Jeder Tag der Woche war einem Himmelskörper gewidmet, einem davon der Sonne, dem unbesiegbaren Sonnengott.
Die ersten Christen und Christinnen deuteten den Tag neu und feierten den auferstandenen Christus als „die wahre Sonne“. Der Tag der Auferstehung – der erste Tag der Woche – wurde zum Tag des Herrn, an dem sich die Gläubigen versammelten und Gottesdienst feierten. Damit sollte deutlich werden: Mit Jesus Christus beginnt etwas ganz Neues.
Der römische Kaiser Konstantin machte den Sonntag nach dem Vorbild des jüdischen Sabbats (vgl. Gen 2,1–3; siehe S. 94/95) im Jahr 321 zum Ruhetag im ganzen Römischen Reich. Auch die christlichen Sklaven und Soldaten sollten am Gottesdienst teilnehmen können. Es sollte der Tag sein, der von irdischen Dingen frei ist.

1. Lest den Text auf S. 22. Welche Erkenntnis gewinnt Patrick bei seiner Suche? Formuliert sie mit eigenen Worten.
2. Erläutere die christliche Bedeutung des Sonntags.
3. Beschreibe das Bild. Inwiefern kann man dem Bild den Titel „Sonntagsstadt“ geben? Begründe.
4. Wann wird ein Sonntag zum „Sonntag“? Führt ein Schreibgespräch[M] dazu.

Danke sagen – Eucharistie feiern

Was ist Eucharistie? Bei allem, was wir über sie wissen, bleibt sie immer auch ein Geheimnis. Sie lässt sich nicht ganz beschreiben oder erklären. Weil man nicht alles in Worten ausdrücken kann, spielen Farben, Gesten, Handlungen und Symbole eine große Rolle. Die Eucharistie feiert das Geheimnis des Glaubens und bleibt dabei auch immer selbst ein Geheimnis.

Danksagung

Eucharistie kommt aus dem Griechischen und heißt Danksagung. Gläubige kommen am Sonntag, am „Tag des Herrn", aber auch an Werktagen zusammen. Sie versammeln sich im Namen Jesu Christi als Gemeinde und sagen Dank für ihr Leben: dass sie, ihre Eltern, Geschwister, Freunde, Mitmenschen, die Tiere, Pflanzen und die ganze Welt da sind. Dass sie, trotz aller Schwierigkeiten, die sich immer wieder ergeben, die Möglichkeit haben zu leben.

Erinnern und vergegenwärtigen

In der Eucharistiefeier geht es um die Erinnerung und Vergegenwärtigung des Lebens, des Todes und der Auferstehung Jesu Christi. Die Feier hat zwei Hauptteile, die eng miteinander verbunden sind: Wortgottesdienst und Mahlfeier.

Wortgottesdienst

Im Wortgottesdienst werden Texte aus dem AT und NT vorgelesen und in der Predigt für unser heutiges Leben ausgelegt. Die gläubige Gemeinde antwortet mit Gebeten und Liedern. Dabei wird Jesus Christus im Wort lebendig.

Mahlfeier

Der Wortgottesdienst führt zur Mahlfeier, der eigentlichen „Eucharistie" hin. In der „Wandlung", die an das letzte Abendmahl Jesu mit seinen Jüngern erinnert, wird Brot und Wein zu Leib und Blut des auferstandenen Jesus Christus. Dieses „Geheimnis des Glaubens" steht im Mittelpunkt der Eucharistie. Gott ist da. Er ist gegenwärtig. Diese Grunderfahrung des Glaubens wird in der Eucharistie gefeiert. Jesus Christus kommt den Gläubigen dabei ganz nahe. Sie „empfangen" ihn. So will jede Eucharistie zu einer Begegnung mit dem Auferstandenen in Brot und Wein werden, und wir dürfen mit ihm auf eine Lebensgemeinschaft mit Gott hoffen.

Segen und Sendung

Die Eucharistie endet mit dem Segen, den der Priester über alle Gläubigen spricht. Sie werden gesandt, die Botschaft Jesu weiterzugeben und Frieden in die Welt und ihren Alltag zu bringen.

Lebendige Feier

Dabei soll die Eucharistie keine starre Angelegenheit sein, sondern eine lebendige Feier. Kinder, Jugendliche, Erwachsene und Alte sollen mit Verstand und Herz dabei sein. Deshalb wird sie feierlich gestaltet, je nach Station im Kirchenjahr in unterschiedlichen Farben, Symbolen und Gesängen. An Hochfesten wird Weihrauch verwendet.

Ehrfurcht vor Gott

Die Eucharistie ist keine Show, sondern Gottesdienst. Bei aller Fröhlichkeit und Lebendigkeit ist sie immer auch getragen von Ehrfurcht vor der Gegenwart Jesu Christi. Darum gibt es auch Raum für Stille, Besinnung und persönliches Gebet. Stehen, Knien, Sitzen, Gehen und die verschiedenen Formen der Musik helfen dabei.

Leonardo da Vinci, 1494–1498

Eines der bedeutendsten Bilder des letzten Abendmahles stammt von dem italienischen Maler Leonardo da Vinci. Das über vier Meter hohe und neun Meter breite Bild ist eines der berühmtesten Wandgemälde der Welt. Da Vinci hat fünf Jahre daran gemalt und es wurde bis auf den heutigen Tag unzählige Male kopiert und von anderen Malern als Vorlage benützt.

1. Erläutere, worin der Mittelpunkt der Eucharistie besteht.
2. Tauscht euch darüber aus, wie sich verstehen lässt, dass Jesus Christus in der Eucharistie den Menschen ganz nah kommt.
3. Schlage im Gotteslob die Seiten mit der Nr. 581 „Aufbau der sonntäglichen Messfeier“ auf. Welche Teile kennst du, welche sind dir nicht so geläufig? Schreibe den Ablauf in dein Heft.
4. Betrachtet und beschreibt das Bild von Leonardo da Vinci. Achtet dabei auch auf die Perspektive des Raumes und das Licht.
   - Baut ein Standbild. Überlegt im Auswertungsgespräch, was eure Haltungen und Gesten zum Ausdruck bringen.
   - Wenn die Personen auf dem Wandgemälde sprechen könnten, was könnten sie sagen?
5. Sucht im Internet unter dem Stichwort „Das letzte Abendmahl“ Bilder, die das Werk von Leonardo da Vinci als Vorlage genommen haben, und präsentiert eure Ergebnisse.

Alles hat seine Zeit

Alles hat seine Stunde.
Für jedes Geschehen unter dem Himmel gibt es eine
bestimmte Zeit:

eine Zeit zum Gebären und eine Zeit zum Sterben,
eine Zeit zum Pflanzen und eine Zeit zum Ausreißen der Pflanzen,
eine Zeit zum Töten und eine Zeit zum Heilen,
eine Zeit zum Niederreißen und eine Zeit zum Bauen,
eine Zeit zum Weinen und eine Zeit zum Lachen,
eine Zeit für die Klage und eine Zeit für den Tanz,
eine Zeit zum Steinewerfen und eine Zeit zum Steinesammeln,
eine Zeit zum Umarmen und eine Zeit, die Umarmung zu lösen,
eine Zeit zum Suchen und eine Zeit zum Verlieren,
eine Zeit zum Behalten und eine Zeit zum Wegwerfen,
eine Zeit zum Zerreißen und eine Zeit zum Zusammennähen,
eine Zeit zum Schweigen und eine Zeit zum Reden,
eine Zeit zum Lieben und eine Zeit zum Hassen,
eine Zeit für den Krieg und eine Zeit für den Frieden.

Koh 3,1–8

1. Lest euch die Zeilen aus dem Buch *Kohelet* vor. Formuliert den Text mit eigenen Worten nach und erläutert, was er über das Leben aussagt.
2. Wähle eine Zeile aus und schreibe sie in dein Heft: „Es gibt eine Zeit …“; du kannst auch eigene Zeilen dazudichten.
3. Betrachte nochmals nacheinander die Bilder in diesem Kapitel und wähle eines aus, das dich besonders anspricht. Tauscht euch zu zweit darüber aus, warum.
4. Beschreibt, was ihr auf dem Kapiteleingangsbild (S. 7) entdecken könnt.
   - Erläutert den Zusammenhang zwischen dem Weltall mit dem Lauf der Planeten und unserer Art, die Zeit einzuteilen.
   - Auf dem Zifferblatt der Uhr steht übersetzt „Ehre sei Gott in der Höhe und Friede auf Erden den Menschen seines Wohlgefallens“. Dies sind die Worte der Engel, die die Geburt Jesu in Betlehem verkündigen (Lk 2,14; siehe S. 38). Besprecht, was unsere Zeitrechnung mit Jesus zu tun hat.

2

„ICH WILL MITTEN UNTER EUCH WOHNEN!“ – GOTT NAHE SEIN

Wo sich Himmel und Erde berühren

Berge und Hügel sind in allen Kulturen und Religionen seit jeher Orte der Gottesnähe und Gottesbegegnung. Ihre Größe und Erhabenheit, ihre beeindruckende Erscheinung ließen die Menschen immer schon etwas von dem erahnen, was größer ist als sie selbst. Berge waren schon da, bevor wir waren, und werden auch noch da sein, wenn wir nicht mehr sind. Sie wurden zum Sinnbild des Überdauerns und der Ewigkeit. Berge führen nach oben und berühren „den Himmel". Sie galten deshalb als Sitz und „Wohnung" der Götter, denen man sich beim Aufstieg nähern kann.

Der Mensch, der den Aufstieg wagt, sieht den Himmel, das Licht, die Sonne und die Welt auf eine neue Weise. Er kann sich seiner Vergänglichkeit bewusst werden, die Welt „von oben" betrachten und Abstand von seinem Alltag gewinnen.

Heilige Berge

An vielen Orten werden heilige Berge verehrt. Zu den größten gehören der Berg Fuji in Japan, der Kilimandscharo in Afrika und der Machapucharé in Nepal. Die Menschen sahen in ihnen den Nabel der Welt, der Erde und Himmel verbindet, den Mittelpunkt des Erdkreises.

In manchen Religionen dürfen die heiligen Berge bis heute nicht bestiegen, sondern nur pilgernd umrundet werden.

Berge in der Bibel

Die Bibel erzählt, dass Mose auf dem Berg Sinai von Gott die Steintafeln mit den Zehn Geboten erhielt und zu den Menschen brachte (Ex 19,16–20,19). Jesus „offenbarte" den Jüngern auf einem Berg seine Lehre in der „Bergpredigt" (Mt 5,1–7,29); dort lehrte er sie auch das *Vaterunser* (Mt 6,5–15). Wenn er betete, zog er sich in die Berge zurück. Auf Golgota, einer Anhöhe vor der Stadt Jerusalem, wurde er gekreuzigt.

Die Evangelien erzählen von der „Verklärung Jesu" auf einem hohen Berg (Lk 9,28–36): Während Jesus auf dem Berg betete, „veränderte sich das Aussehen seines Gesichtes und sein Gewand wurde leuchtend weiß". Da kam eine Wolke und eine Stimme rief aus der Wolke: „Dieser ist mein auserwählter Sohn, auf ihn sollt ihr hören." In dieser Vision erkannten die Jünger, dass Jesus der Sohn Gottes ist.

Berge im Christentum – bis heute

Wie Jesus zogen sich immer schon ▸ Einsiedler, Mönche und Heilige in die Einsamkeit der Berge zurück, um Gott in der Meditation und im Gebet näher zu sein. Berge sind deshalb auch Orte klösterlichen Lebens.

Berge werden auch häufig markiert mit Steinzeichen, Altären oder Gipfelkreuzen. Auf Hügeln und Bergen wurden in vorchristlicher Zeit Kultstätten und später dann Klöster, Kirchen und Kapellen erbaut: Auf dem „Domberg" in Freising und Bamberg steht jeweils die Bischofskirche; ebenso auf dem Hügel in Passau. Viele Wallfahrtskirchen befinden sich auf Hügeln.

Der Berg Fuji in Japan

1. Recherchiere im Internet über den heiligen Berg Fuji und präsentiere die Ergebnisse in der Klasse in einem Kurzreferat. Vielleicht findest du noch einen anderen heiligen Berg, über den du dich informieren kannst.

2. Zeichne den Berg Fuji in dein Heft und schreibe darunter, was dich oder die Menschen allgemein an der Erscheinung solcher Berge fasziniert.

3. Was führt Gläubige an bestimmte heilige Orte wie zum Beispiel einen Berg? Sammelt mithilfe der Placemat-Methode eure Antworten.

4. Gibt es in eurer Umgebung Hügel und Berge, auf denen Klöster, Kirchen oder Kapellen erbaut sind oder die Orte vorchristlicher Kultstätten waren? Überlegt, wo ihr euch erkundigen könnt. Berichtet in der Klasse.

Heilige Orte der Religionen

Die Kaaba – Haus Gottes in Mekka

Die Kaaba in Mekka, Saudi-Arabien, ist das wichtigste Heiligtum des Islam. Sie gilt als „Haus Gottes“ und besteht aus einem quaderförmigen Gebäude von 13 Metern Höhe und einem Grundriss von 11 × 12,30 Metern. Die vier Ecken zeigen in die vier Himmelsrichtungen. Im Osten ist der schwarze Stein angebracht, der nach Muhammad „direkt vom Paradies“ herabkam. Um die Kaaba wurde eine große Moschee errichtet, sodass sie nun in einem weitläufigen Innenhof steht. Über drei Millionen Muslime pilgern jährlich zur Kaaba nach Mekka.

Nach dem Koran wurde der Grundstein der Kaaba schon 2000 Jahre vor der Erschaffung der Welt „auf das Wasser gesetzt“, als Ausgangspunkt der gesamten Schöpfung. Adam, der erste Mensch, soll sie dann erbaut haben.

Die Kaaba ist das Ziel des Haddsch, der großen Wallfahrt. Alle volljährigen, gesunden Muslime und Muslimas, die es sich leisten können, sollen den Haddsch einmal im Leben unternehmen und sich zum „Haus Gottes“, zum Mittelpunkt und Ursprung der islamischen Welt begeben. Während des Haddsch umrunden die Gläubigen siebenmal gegen den Uhrzeigersinn die Kaaba und preisen Allah. Die Umrundungen beginnen am schwarzen Stein. Viele Pilgerinnen und Pilger berühren oder küssen ihn.

Der Haddsch nach Mekka wird jedes Jahr im islamischen Monat Dhul-Hidscha unternommen. Während der Wallfahrt tragen die Männer zwei weiße Tücher. Sie erinnern daran, dass das Leben auf der Erde vergänglich ist, Ansehen und Reichtum schwinden und sie einst nur

Pilger umrunden die Kaaba

mit einem Leichentuch begraben werden. Nach dem Haddsch rasieren sich die Männer den Kopf, die Frauen kürzen die Haare, als Zeichen für den Beginn eines neuen Lebens. Wer den Haddsch unternommen hat, darf sich „Haddschi“ bzw. „Haddscha“ nennen. Dieser Ehrentitel wird dem Namen vorangestellt.

Bei jedem Gebet, das Muslime und Muslimas überall auf der Welt sprechen, richten sich die Betenden auf die Kaaba aus. Selbst das einfache Anschauen und Betrachten eines Bildes der Kaaba gilt im Islam als Gottesdienst.

Kumbh Mela – Fest des Kruges in Indien

Allahabad liegt an der Flusskreuzung von Yamuna und Ganges in Indien und gilt als wichtiger Pilgerort der Hindus. Dort feiern sie alle zwölf Jahre Kumbh Mela, das größte Fest in Indien.

Es ist fast unvorstellbar, wie hier an einem Tag 30 Millionen Menschen Platz zum Baden finden können. Kumbh Mela heißt übersetzt „Fest des Kruges“: Nach dem hinduistischen Glauben verschütteten die Götter, als sie das Universum erschufen, etwas aus dem Krug mit dem Nektar des Lebens. Ein Tropfen fiel hier auf den Zusammenfluss der heiligen Flüsse. Für die gläubigen Hindus besitzt deshalb das Wasser heilige Kraft und zieht regelmäßig Millionen von Pilgernden an.

Doch nur alle 12 Jahre wird das „Fest des Kruges“ in Allahabad gefeiert, immer dann, wenn Jupiter, Sonne und Mond in einer bestimmten Konstellation zueinander stehen. Dann wird dem Wasser die größte Wirkung zugeschrieben. Ziel der religiösen Waschung ist es, zu einer bestimmten Zeit an einem bestimmten Ort, sich im heiligen Wasser von den Sünden reinigen zu lassen und der Erlösung ein Stück näher zu kommen. Allahabad ist nicht der einzige Ort, an dem die Kumbh Mela ausgetragen wird. Das Fest findet rotierend noch an drei weiteren Orten statt, in jedem alle drei Jahre.

Familie beim rituellen Bad im Ganges

In den zwei Pilgermonaten eines Kumbh Mela-Jahres reisen bis zu 70 Millionen Pilgerinnen und Pilger aus ganz Indien zu diesem heiligen Ort. Eine Zeltstadt wächst in wenigen Wochen aus dem Boden, größer als London und Paris zusammen. Kumbh Mela ist nicht nur das bedeutendste Fest der Hindus, sondern auch das größte Fest der ganzen Welt.

1. Teilt euch in Gruppen auf und gestaltet jeweils ein Plakat zur Kaaba in Mekka und zu Kumbh Mela in Allahabad.
2. Vergleicht die beiden Orte.
   - Benennt Gemeinsamkeiten und Unterschiede.
   - Sowohl der Haddsch zur Kaaba als auch das Pilgerfest Kumbh Mela sollen das Leben der Gläubigen verändern. Zeigt anhand der Texte, inwiefern sie das tun.
3. Heilige Orte gab es auch im Altertum: Recherchiere im Internet über „Delphi“ in Griechenland. Präsentiere deine Ergebnisse.

Der Gott der Bibel zeigt sich in seinem Namen

Die Bibel erzählt von den Erfahrungen des Volkes Israel mit Gott. Im Buch Exodus 3,14 heißt es, dass Gott sich dem Mose zeigt und ihm seinen Namen nennt: יְהֹוָה (Jahwe). Die Menschen haben immer wieder versucht, diesen Namen zu übersetzen, und verschiedene Möglichkeiten gefunden:

Ich werde da sein, als der ich da sein werde.
Martin Buber und Franz Rosenzweig, jüdische Gelehrte

Ich bin der „Ich-bin-da“.
Bibelübersetzung von 1980

יְהֹוָה

Ich bin, der ich bin.
Bibelübersetzung von 2016

Ich bin das Wesen, welches ewig ist.
Moses Mendelssohn, jüdischer Gelehrter

Das Volk Israel glaubt daran, dass dieser Gott sie aus der Sklaverei befreit hat. Er ist da, was auch immer geschieht. Er ist den Menschen nah und doch ganz anders. Das zeigt auch sein Name. Aus Ehrfurcht sprechen ihn die Juden bis heute nicht aus. Sie sagen lieber: der „Ewige“ oder „Adonaj“, das heißt: der Herr.

1. Übertrage die hebräischen Schriftzeichen für den Namen Gottes in dein Heft und schreibe eine Übersetzung dazu, die dir besonders gefällt. Begründe deine Entscheidung.
2. Führe ein Bildgespräch[M] zum Bild von Mark Rothko. Lest euch dann gegenseitig die Ergebnisse vor. Bittet nun jemanden aus der Klasse, Lev 26,11–13 langsam vorzulesen. Wiederholt dies und wechselt euch ab. Schreibt weiter: „Ich gehe in eurer Mitte“ und deshalb ...
3. Der Gott Israels befreit das Volk und ist für die Menschen da. Erzählt, was ihr dazu bereits wisst.

Mark Rothko, 1959

Ich schlage meine Wohnung in eurer Mitte auf und habe gegen euch keine Abneigung. Ich gehe in eurer Mitte; ich bin euer Gott und ihr seid mein Volk. Ich bin der HERR, euer Gott, der euch aus dem Land der Ägypter herausgeführt hat, sodass ihr nicht mehr ihre Sklaven zu sein braucht. Ich habe eure Jochstangen zerbrochen und euch wieder aufrecht gehen lassen.

Lev 26,11–13

Wo Juden Gott verehren

Von der Bundeslade …

Das Volk Israel hat die Erfahrung gemacht: Mit Gottes Hilfe wurden wir aus der Gefangenschaft befreit. Sie machten sich auf den Weg und suchten eine neue Heimat. Sie vertrauten Gott, dass er in ihrer Mitte ist. Sie schufen ein sichtbares Zeichen für seine Gegenwart. Dazu bauten sie eine kostbare Truhe, die sie auf ihrem Weg mittragen konnten. In die Truhe legten sie die Zehn Gebote; sie stehen für die Verbindung zwischen Gott und seinem Volk. Diese bekam deshalb den Namen „Bundeslade“ und wurde in einem heiligen Zelt aufbewahrt.

Die Westmauer in Jerusalem

Die Bundeslade wird in der Bibel (Ex 25,10–21) so beschrieben: Es war eine Truhe aus kostbarem Akazienholz mit zwei Tragebalken, die in goldenen Ringen steckten. Ihre Länge maß etwa 1,30 Meter und sie hatte eine Breite und Höhe von jeweils etwa 0,80 Metern. Auf der Bundeslade saßen zwei geschnitzte Engel, die schützend ihre Flügel über sie ausbreiteten. Berührt werden durfte die Lade nur von den Würdigsten und Hohepriestern.

… zum Tempel …

Um das Jahr 950 v. Chr. wurde unter Salomo, dem Sohn des König David, zum ersten Mal in Jerusalem eine „Wohnung Gottes“ aus Stein gebaut. Nun konnte das Volk in einem Tempel zu seinem Gott beten. Im Tempel bekam auch die Bundeslade einen festen Platz im „Allerheiligsten“. Wie wichtig dieser Tempel ist, kann man erkennen, wenn man Psalm 84 liest. Über lange Zeit war dies der Ort, an dem die Juden ihren

Gott verehrten. Im Jahr 589 v. Chr. eroberten die Babylonier Jerusalem, zerstörten den Tempel und verschleppten die Juden nach Babylon. Seit dieser Zeit ist die Bundeslade verschollen.

... und der heiligen Stadt Jerusalem

Als die Juden nach 50 Jahren wieder aus ihrem Exil nach Jerusalem zurückkehren durften, bauten sie den Tempel wieder auf. Im Jahre 21 v. Chr. gestaltete Herodes der Große die Tempelanlage um und machte daraus ein großes Wallfahrtsheiligtum. Jerusalem wurde nun die „Heilige Stadt", zu der Menschen aus allen Ländern strömen, wie das Lied bei Jes 60,1–22 zeigt. Jerusalem galt als „Mittelpunkt der Welt", an dem man Gott begegnen kann.

Das war auch noch so, als Jesus von Nazaret lebte. Auch er besuchte den Tempel, wie die Evangelien erzählen. 70 n. Chr. wurde der Tempel erneut zerstört; dieses Mal von den Römern. Wieder wurden die Juden aus Jerusalem vertrieben. Doch für sie blieb Jerusalem die Stadt ihrer Sehnsucht.

Die Westmauer

Es gibt noch einen Rest der zerstörten Tempelanlage, der bis heute erhalten ist: die 48 Meter lange und 19 Meter hohe Westmauer. Sie wird auch „Klagemauer" genannt. Täglich kommen viele Hundert Gläubige aus aller Welt hierher und sprechen ihre Gebete (vgl. auch S. 117). Obwohl im Glauben der Juden Gott immer und überall gegenwärtig ist, erleben sie hier seine besondere Nähe. Hier erfahren sie die Geschichte mit ihrem Gott in allen Höhen und Tiefen durch die Jahrtausende hindurch. Viele Gläubige stecken handgeschriebene Zettel in die Ritzen der großen Steine mit Gebeten, Bitten oder Klagen. Die Zettel werden zweimal im Jahr entfernt und in einer feierlichen Zeremonie bestattet, da im jüdischen Verständnis nichts verbrannt werden darf, auf dem das Wort Gott steht. Längst sind es nicht nur jüdische Gläubige, die Zettel in der Mauer hinterlassen. Menschen auch aus anderen Religionen tun es den Juden gleich, denn der Ort hat eine ganz besondere religiöse Ausstrahlung. Solche Stätten werden für Menschen zu Orten der Gottesbegegnung, weil sie die Möglichkeit bieten, sich zu versammeln, zu beten und den Glauben zu feiern.

Zettel mit Anliegen in den Ritzen der Mauer

1. Erstelle einen Zeitstrahl zum Thema „Wo Juden Gott verehren" und ergänze ihn mit kleinen Zeichnungen, die dazu passen.
2. Teilt euch in Gruppen auf und macht ein Kurzreferat zu den Themen „Bundeslade", „Tempel" und „Jerusalem". Verwendet dazu auch Sätze aus den Bibelstellen, die im Text angegeben sind.
3. Besucher aus vielen Ländern und unterschiedlichen Religionen hinterlassen ihre Gebete, Bitten oder Klagen in den Ritzen der Westmauer. Gestalte einen eigenen Zettel, den du in die Ritzen der „Klagemauer" stecken würdest. Denke dabei an eine Meldung aus den Nachrichten oder an eine Situation aus deinem Familien- und Freundeskreis.
4. Erläutere den Grund, warum Menschen Gott an bestimmten Orten verehren, obwohl sie glauben, dass er überall gegenwärtig ist.

„Bessert euer Tun, dann will ich unter euch wohnen!“

Das Wort, das vom HERRN an Jeremia erging: Stell dich an das Tor des Hauses des HERRN! Dort ruf dieses Wort aus und sprich: Hört das Wort des HERRN, ganz Juda, alle, die ihr durch diese Tore kommt, um euch vor dem HERRN niederzuwerfen! So spricht der HERR der Heerscharen, der Gott Israels:

Bessert euer Verhalten und euer Tun, dann will ich bei euch wohnen hier an diesem Ort! Vertraut nicht auf die trügerischen Worte: Der Tempel des HERRN, der Tempel des HERRN, der Tempel des HERRN ist dies!

Denn nur wenn ihr euer Verhalten und euer Tun von Grund auf bessert, wenn ihr wirklich gerecht entscheidet im Rechtsstreit, wenn ihr die Fremden, die Waisen und Witwen nicht unterdrückt, unschuldiges Blut an diesem Ort nicht vergießt und nicht anderen Göttern nachlauft zu eurem eigenen Schaden, dann will ich bei euch wohnen hier an diesem Ort, in dem Land, das ich euren Vätern gegeben habe von ewig und auf ewig.

Freilich, ihr vertraut auf die trügerischen Worte, die nichts nützen.
Was noch? Stehlen, morden, die Ehe brechen, falsch schwören, dem Baal opfern und anderen Göttern nachlaufen, die ihr nicht kennt – und ihr kommt und tretet vor mein Angesicht in diesem Haus, über dem mein Name ausgerufen ist, und sagt: Wir sind geborgen!, um dann weiter alle jene Gräuel zu treiben.

Ist denn dieses Haus, über dem mein Name ausgerufen ist, in euren Augen eine Räuberhöhle geworden?

Auch ich, siehe, ich habe es gesehen – Spruch des HERRN.

Jer 7,1–11

Kritik am Tempel

Ein Tempel alleine ist noch keine Wohnung Gottes. Erst wenn auch das Verhalten der Gläubigen und Priester Gott entspricht, kann der Tempel zur Wohnung Gottes werden. Im Judentum und im Christentum hat dies immer wieder zur Kritik an der Frömmigkeit im Tempel geführt: „Das Opfer der Frevler ist dem Herrn ein Gräuel, am Gebet der Rechtschaffenen aber hat er Gefallen“ (Spr 15,8).

Vor allem Propheten wie Jeremia kritisieren die Frommen im Tempel, wenn sie in ihrem Leben gegen die Gebote Gottes verstoßen. In gleicher Weise kritisiert Jesus: „Wenn du deine Opfergabe zum Altar bringst und dir dabei einfällt, dass dein Bruder etwas gegen dich hat, so lass deine Gabe dort vor dem Altar liegen; geh und versöhne dich zuerst mit deinem Bruder, dann komm und opfere deine Gabe!“ (Mt 5,23–24).

T: CLAUS-PETER MÄRZ/M: KURT GRAHL

Wenn das Brot, das wir teilen

2. Wenn das Leid jedes Armen uns Christus zeigt,
und die Not, die wir lindern,
zur Freude wird,
dann hat Gott ...

3. Wenn die Hand, die wir halten, uns selber hält,
und das Kleid, das wir schenken,
auch uns bedeckt,
dann hat Gott ...

4. Wenn der Trost, den wir geben, uns weiterträgt,
und der Schmerz, den wir teilen,
zur Hoffnung wird,
dann hat Gott ...

5. Wenn das Leid, das wir tragen, den Weg uns weist,
und der Tod, den wir sterben,
vom Leben singt,
dann hat Gott ...

1 Lest Jer 7,1–11 zuerst leise, dann laut. Versucht euch dabei in den Propheten Jeremia hineinzuversetzen und ihn in seinem Sinne zu betonen. Macht euch die Wirkung des Textes auf euch bewusst.

2 Stelle die Grundaussage des Textes dar; beziehe dabei auch die Texte Spr 15,8 und Mt 5,23–24 mit ein.
- Nenne die Kritikpunkte an den Frommen im Tempel.
- Übertragt in Partnerarbeit den Text in heutige Sprache.

3 Das Lied drückt in positiver Weise aus, wann „Gott unter uns sein Haus baut“. Gestalte dazu ein Bild. Dabei soll jede der fünf Strophen im Bild vorkommen. Wähle am Schluss eine Überschrift und schreibe sie über dein Bild.

Gott wird Mensch

Christen glauben, dass Gott Mensch geworden ist in Jesus Christus. Die Weihnachtsgeschichte erzählt vom Gottessohn, der nach seiner Geburt in eine Futterkrippe gelegt wurde; seine Eltern waren zuvor in Herbergen und Häusern abgewiesen worden und fanden Zuflucht in einem Stall. Die Christen feiern an Weihnachten die Geburt des Gottessohnes in der Welt. Gott wird Mensch – das bedeutet auch: Der geheimnisvolle Gott wird in Jesus Christus sichtbar, hörbar, „greifbar“. Christen bekennen: Er ist der Retter und Heiland der Welt.

Es geschah aber in jenen Tagen, dass Kaiser Augustus den Befehl erließ, den ganzen Erdkreis in Steuerlisten einzutragen. Diese Aufzeichnung war die erste; damals war Quirinius Statthalter von Syrien. Da ging jeder in seine Stadt, um sich eintragen zu lassen. So zog auch Josef von der Stadt Nazaret in Galiläa hinauf nach Judäa in die Stadt Davids, die Betlehem heißt; denn er war aus dem Haus und Geschlecht Davids. Er wollte sich eintragen lassen mit Maria, seiner Verlobten, die ein Kind erwartete. Es geschah, als sie dort waren, da erfüllten sich die Tage, dass sie gebären sollte, und sie gebar ihren Sohn, den Erstgeborenen. Sie wickelte ihn in Windeln und legte ihn in eine Krippe, weil in der Herberge kein Platz für sie war. In dieser Gegend lagerten Hirten auf freiem Feld und hielten Nachtwache bei ihrer Herde. Da trat ein Engel des Herrn zu ihnen und die Herrlichkeit des Herrn umstrahlte sie und sie fürchteten sich sehr. Der Engel sagte zu ihnen: Fürchtet euch nicht, denn siehe, ich verkünde euch eine große Freude, die dem ganzen Volk zuteilwerden soll: Heute ist euch in der Stadt Davids der Retter geboren; er ist der Christus, der Herr. Und das soll euch als Zeichen dienen: Ihr werdet ein Kind finden, das, in Windeln gewickelt, in einer Krippe liegt. Und plötzlich war bei dem Engel ein großes himmlisches Heer, das Gott lobte und sprach:

Ehre sei Gott in der Höhe
und Friede auf Erden
den Menschen seines Wohlgefallens.

Und es geschah, als die Engel von ihnen in den Himmel zurückgekehrt waren, sagten die Hirten zueinander: Lasst uns nach Betlehem gehen, um das Ereignis zu sehen, das uns der Herr kundgetan hat! So eilten sie hin und fanden Maria und Josef und das Kind, das in der Krippe lag. Als sie es sahen, erzählten sie von dem Wort, das ihnen über dieses Kind gesagt worden war. Und alle, die es hörten, staunten über das, was ihnen von den Hirten erzählt wurde. Maria aber bewahrte alle diese Worte und erwog sie in ihrem Herzen. Die Hirten kehrten zurück, rühmten Gott und priesen ihn für alles, was sie gehört und gesehen hatten, so wie es ihnen gesagt worden war.

Lk 2,1–20

Alexey Kondakov, 2015

1. Erläutere, was es bedeutet, wenn in der Weihnachtsgeschichte erzählt wird, dass der Gottessohn nicht in einem Palast, sondern in einem Stall zur Welt kommt. Was erfahren wir dabei über Gott?

2. Bestimmt jemand in der Klasse, der oder die die Weihnachtsgeschichte noch einmal langsam vorliest. Die anderen schauen dazu das Bild von Alexey Kondakov an. Tauscht die Gedanken aus, die euch dabei kommen.

3. Der Künstler versetzt Maria, das Kind und die Engel der Weihnachtsgeschichte in die U-Bahn einer Großstadt bei Nacht. Gestaltet selbst ein Bild und wählt eine andere Situation aus, in der sich die Geburt Jesu heute im Alltag ereignen könnte. Präsentiert die Ergebnisse.

4. Singt in der Klasse das Weihnachtslied „Nun freut euch ihr Christen“, die Nr. 241 im Gotteslob. Tauscht euch darüber aus, was ihr dort noch über die „Menschwerdung Gottes“ erfahrt.

In der Kirche Christus nahe sein

Wer eine Kirche betritt, kommt in einen Raum, der ganz anders ist als eine Wohnung oder ein Schulgebäude. Oft sind die Wände hoch, das Licht ist gedämpft und es ist still. Die Schritte hallen. Immer wieder sieht man einzelne Menschen, die auch unter der Woche hineingehen, sich hinsetzen, ausruhen, nachdenken und beten. Manche zünden eine Kerze an, um an einen Menschen zu denken. Es gibt in vielen Kirchen auch Fürbittbücher, in die man eigene Gebete schreiben kann. Katholische Kirchen sind tagsüber in der Regel offen. So wird deutlich: Hier ist ein Ort, zu dem man immer kommen kann.

Kirchen weisen auf Jesus Christus hin

Wer genau hinsieht, der kann schnell feststellen, dass Kirchen auf Jesus Christus hin ausgerichtet sind. Manche alten Kirchen haben als Grundriss eine Kreuzform. In modernen Kirchen gruppiert sich alles um den Altar, den Tisch des Herrn, in der Mitte, an dem Gottesdienst gefeiert wird. Christen glauben, dass Jesus Christus bei den Menschen ist. Dies wird in Kirchen sichtbar, und das feiern sie in den Gottesdiensten. Kirchen sind Räume, in denen die Menschen Jesus Christus begegnen können.

Tabernakel und ewiges Licht

In jeder katholischen Kirche gibt es den Tabernakel, in dem die gewandelten Hostien aus der Eucharistiefeier aufbewahrt werden. Das Wort Tabernakel kommt aus der lateinischen Sprache und bedeutet so viel wie „Hütte“ oder „Zelt“. Dies knüpft an die alte jüdische Vorstellung von der Bundeslade an, die in einem Zelt aufbewahrt wurde. So zeigt der Tabernakel, dass Gott in Jesus Christus den Menschen nahe ist und sie auf ihrem Lebensweg begleitet.
Darauf weist auch das ewige Licht in der Nähe des Tabernakels hin. Es brennt Tag und Nacht, auch wenn keine Menschen anwesend sind. Meist ist das Glas des ewigen Lichtes rot. In modernen Kirchen ist das ewige Licht manchmal mit hellem Glas gestaltet. Das ewige Licht will deutlich machen, dass Jesus Christus immer da ist. In der Bibel sagt Jesus: „Und siehe, ich bin mit euch alle Tage bis zum Ende der Welt“ (Mt 28,20).

Tabernakel und ewiges Licht in St. Franziskus, Regensburg-Burgweinting

T: HUUB OOSTERHUIS (Ü: PETER PAWLOWSKY UND NIKOLAUS GREITEMANN)/
M: AUS DEN NIEDERLANDEN

Herr, unser Herr

2. Du bist nicht fern, denn die zu dir beten, wissen, dass du sie nicht verlässt.
Du bist so menschlich in unsrer Mitte, dass du wohl dieses Lied verstehst.

3. Du bist nicht sichtbar für unsre Augen, und niemand hat dich je gesehn.
Wir aber ahnen dich und glauben, dass du uns trägst, dass wir bestehn.

4. Du bist in allem tief verborgen, was lebt und sich entfalten kann.
Doch in den Menschen willst du wohnen, mit ganzer Kraft uns zugetan.

1. Gestalte eine Mindmap: Wie können Christen in der Kirche Christus begegnen?

2. Betrachtet zu zweit das Bild.
   - Tauscht euch darüber aus, welche Stimmung von ihm ausgeht.
   - Entwerft gemeinsam ein Bild von einem Tabernakel, das den Menschen zeigt, wie Gott für sie da ist.

3. „Unsagbar nah“ – „um uns in Sorge“: Suche weitere Aussagen über Gott in dem Lied und gestaltet dazu eine Word-Cloud. Auf S. 88 (Kapitel 5) oder auf der Buchumschlagseite erhältst du Anregungen dazu.

4. Überlege dir Bitten, die Jugendliche in ein Fürbittbuch in einer Kirche hineinschreiben könnten. Wenn du magst, kannst du auch eine eigene Fürbitte formulieren und später in das Fürbittbuch deiner Pfarrkirche schreiben.

5. Christen glauben, dass Jesus Christus den Menschen in der Eucharistie ganz nahe ist. Beschreibt, wo dies in der Eucharistiefeier besonders deutlich wird, und erläutert, wie Menschen dadurch Stärkung erfahren können.

Ein fliegender Engel: Christoph 1

Klaus Schmid, Notfallsanitäter, verheiratet, 2 Kinder, seit 2010 am Luftrettungszentrum *Christoph 1 München*

Wenn der Piepser geht, wird es ernst

Jetzt muss alles schnell gehen. Der Notarzt ist schon eingestiegen. Bevor der Pilot den Hubschrauber in die Luft bringt, helfe ich ihm, die Prüfliste für den Start in Ruhe durchzugehen. Hektik schadet dabei.

Weil unser Heli *Christoph 1* auch für Berg- und Wasserrettung eingesetzt wird, ist er mit einer Seilwinde ausgerüstet. Dazu fliegt ein Bordtechniker mit, der für den Einsatz an der Rettungswinde besonders geschult ist. Wird das 90 Meter lange Drahtseil abgelassen, muss er alles genau überwachen.

Ich bin im Heli der Notfallsanitäter, *HEMS-TC* genannt *(Helicopter Emergency Medical Services Technical Crew Member)*, und habe drei Aufgaben: Beim Hinflug zum Unglücksort unterstütze ich den Piloten und achte besonders auf Hindernisse, die gefährlich werden können. Wenn wir einen Menschen aus dem Wasser oder vom Berg retten, werde ich mit dem Notarzt am Seil heruntergelassen. Ich helfe bei der Erstversorgung und wir bereiten die Evakuierung am Seil vor. Beim Rückflug helfe ich dem Notarzt, wenn er mich beim Patienten braucht.

Warum unser Heli „Christoph 1“ heißt

Kinder und Jugendliche, die uns auf der Station besuchen, wollen immer wissen, warum unser Heli *Christoph* heißt. Ich erzähle ihnen dann, dass der Name auf den heiligen Christophorus zurückgeht. Er ist ja der Schutzpatron der Reisenden, besonders der Autofahrer. 1970 wurde am Harlachinger Krankenhaus in München die erste Luftrettungsstation eingerichtet, um den vielen Verletzten im Straßenverkehr schnell helfen zu können. Damals hat man nach einem Namen gesucht und sich dafür entschieden, dem Hubschrauber den Funknamen *Christoph 1* zu geben. So sind wir ein bisschen wie Christophorus: Wir kommen den Menschen in gefährlichen Situationen zu Hilfe – und zwar so schnell wie möglich.

Wie ich zu meiner Arbeit gekommen bin?

Nach der Real- und Fachoberschule habe ich Funktechniker gelernt und bin zur Berufsfeuerwehr gegangen. Dort absolvierte ich eine Ausbildung zum Rettungsassistenten und habe dann 15 Jahre den Notarzt zu den Einsätzen gefahren. Dabei unterstützte ich den Notarzt auch direkt beim Patienten. 2010 bewarb ich mich für die Luftrettung als *HEMS-TC* und bin glücklich, dass ich das nun machen darf.

Was mir daran besonders gefällt

Klar, die Arbeit ist nicht ungefährlich. *Christoph 1* ist auch schon mal verunglückt. Dabei sind auch Mitglieder der Besatzung zu Tode gekommen. Das war lange vor meiner Zeit. Wenn ich am Drahtseil hänge, fühle ich mich sicher; ich weiß, dass wir uns alle aufeinander verlassen können.

Windentraining mit *Christoph 1*

Ich finde es sehr erfüllend, Menschen in Not zu helfen und manchmal sogar ihr Leben zu retten. Schon bei meiner Mutter habe ich erlebt, was das bedeutet. Zusammen mit meinem Vater und meiner Schwester haben wir sie zehn Jahre gepflegt. So verstehe ich Christentum.

Wenn wir Einsätze fliegen, sehe ich immer wieder Dankbarkeit in den Gesichtern, bei den in Not Geratenen und auch bei den Angehörigen. Da bekomme ich viel zurück. Und ich weiß, dass ich an der richtigen Stelle bin. Ich denke auch immer wieder an Gott und die Kirche. Ein bisschen sind wir mit unserem Heli wie fliegende Schutzengel.

Am schwierigsten ist meine Arbeit immer dann, wenn es um verunglückte Kinder geht, vor allem, wenn sie so alt sind wie meine eigenen.

1. Eine Arbeit machen, wie sie Klaus Schmid tut: Was muss man können? Wie muss man denken? Diskutiert.
2. Wenn der *HEMS-TC* zu einem Verletzten über die Seilwinde vom Helikopter heruntergelassen wird, hängt sein Leben an einem dünnen Drahtseil. Zeichne eine Skizze in dein Heft und schreibe hinein, welche Gedanken dem Retter durch den Kopf gehen könnten.
3. Informiert euch im Internet über den heiligen Christophorus und nennt weitere Gründe, weshalb dieser Name für die Hubschrauber der Luftrettung zutreffend ist.
4. Wer in Deutschland auf *Christoph 1* bis *Christoph 80* (!) arbeitet, ist für seine Mitmenschen oft die erste und letzte Rettung. Zeichnet gemeinsam einen solchen Heli auf ein großes Plakat, schreibt ein Zitat aus Mt 25,34–40 dazu und ergänzt es mit eurer Meinung.

Erinnerungsorte des Christentums

Im Christentum gibt es viele Erinnerungsorte, die den Gläubigen als „heilig“ gelten. An diesen Orten erleben sie ihren Glauben und erfahren die Nähe zu Jesus Christus, zu seinen Aposteln und zu Heiligen.

Das ganze „Heilige Land“ Israel erinnert an das Leben Jesu. Viele Gläubige pilgern jedes Jahr zu den Orten, an denen er vor 2000 Jahren gelebt und gepredigt hat.

Der See Gennesaret, von einem Satelliten aus fotografiert

Heiliges Land: See Gennesaret

Im Heiligen Land wird deshalb auch der See Gennesaret von Pilgerinnen und Pilgern gerne aufgesucht. Hier hielt sich Jesus auf, nachdem er sein Elternhaus in Nazaret verlassen hatte. Genauer gesagt in Kafarnaum, am Nordufer des Sees. Dort predigte er häufiger als in jeder anderen Stadt. Hier heilte er Kranke. Vor allem traf Jesus am See seine ersten Jünger, die Fischer Simon Petrus, Andreas, Jakobus und Johannes (Mk 1,16–20). Nur drei Kilometer südlich von Kafarnaum geschah nach biblischer Überlieferung das Wunder der Brotvermehrung (Mk 6,30–44). Auf dem See Gennesaret spielt die Geschichte vom „Sturm auf dem See“ (Mk 4,35–41).

Heute versammeln sich die Gläubigen am Ufer, feiern Gottesdienst und lesen in der Bibel. Der 21 Kilometer lange und bis zu 12 Kilometer breite See Gennesaret liegt 212 Meter unter dem Meeresspiegel. Er ist der tiefstgelegene Süßwassersee der Erde. Von oben betrachtet, hat der See die Form eines Herzens. Für Christen kann diese Form des Sees die Liebe Jesu symbolisieren, der an diesem Ort gelebt und gewirkt hat: Er ist das Herz des christlichen Glaubens.

Rom: Die Gräber von Petrus und Paulus

Aber auch andere Stätten sind wichtige Erinnerungsorte – so die Stadt Rom, das Zentrum der katholischen Christenheit. Nach alten Überlieferungen starben hier die beiden Apostel Petrus und Paulus den ▸ Märtyrertod.

In der Bibel wird der gewaltsame Tod von Petrus in Joh 21,18f. nur angedeutet. Die Apostelgeschichte erzählt jedoch ausführlich, wie der von den Römern in Gefangenschaft genommene Apostel Paulus nach Rom gebracht wird (Apg 22–28). Dort lebte Paulus zwei Jahre in Haft, bevor er schließlich unter Kaiser Nero den Märtyrertod starb. Es heißt, dass er mit dem Schwert hingerichtet wurde, Petrus sei gekreuzigt worden.

Kaiser Konstantin ließ über dem Grab des Apostels Petrus im 4. Jahrhundert eine erste Petruskirche erbauen. Sie wurde Anfang des 16. Jahrhunderts abgerissen und durch den Petersdom ersetzt. Dabei wurde der Altar genau über dem Petrusgrab platziert.

Etwa fünf Kilometer von der Peterskirche entfernt befindet sich die Kirche „St. Paul vor den Mauern", die vermutlich über dem Grab des Apostels Paulus errichtet wurde. Erst im Jahre 2006 hat ein Wissenschaftlerteam Gebeine und Kleiderreste aus dem ersten Jahrhundert neu entdeckt, die Paulus zugeschrieben werden.

Bis heute ist Rom ein Ziel vieler Pilgerinnen und Pilger, die sich aufmachen, um die Ursprünge und Quellen des Christentums und der Kirche aufzusuchen und in der „ewigen Stadt Rom" Kraft für ihren Glauben zu schöpfen.

Zur Geschichte Roms gehört die der Päpste, der Nachfolger des Apostels Petrus. Darum ist eine Romreise für viele Gläubige immer auch verbunden mit einem Besuch des Vatikans. Dort kann die lange Geschichte der Kirche mit ihren Höhen und Tiefen deutlich werden. Auch ein Gottesdienst im Petersdom – vor allem an den großen Festtagen zwischen Palmsonntag und Ostersonntag – gehört dazu, sowie eine Audienz beim Papst.

Gläubige am Ostersonntag auf dem Petersplatz vor dem Petersdom in Rom

Alle vier bis fünf Jahre findet die große Ministranten-Wallfahrt nach Rom statt, an der bis zu 50 000 Jugendliche aus ganz Deutschland teilnehmen.

1. Teilt euch in Gruppen auf und erstellt Plakate mit dem Thema „Erinnerungsorte des Christentums".
2. Erläutere, warum bestimmte Orte für Christen als „heilig" gelten und warum sie diese aufsuchen.
3. Stelle dar, wie die Gräber der Apostel Petrus und Paulus als „heilige Orte" gestaltet wurden.
4. Kennst du „heilige Orte" in deiner Umgebung und deinem eigenen Bistum? Stelle sie in der Klasse vor. Vielleicht könnt ihr einen dieser Orte besuchen.

Der Ort, an dem du lebst

Es waren zwei Mönche, die lasen miteinander in einem alten Buch, am Ende der Welt gäbe es einen Ort, an dem der Himmel und die Erde sich berühren.

Sie beschlossen, ihn zu suchen und nicht zurückzukehren, ehe sie ihn gefunden hätten.

Sie durchwanderten die Welt, bestanden unzählige Gefahren, erlitten alle Entbehrungen, die eine Wanderung durch die ganze Welt fordert, und alle Versuchungen, die einen Menschen von seinem Ziel abbringen können.

Eine Tür sei dort, so hatten sie gelesen, man brauche nur anzuklopfen und befinde sich bei Gott.

Schließlich fanden sie, was sie suchten. Sie klopften an die Tür. Bebenden Herzens sahen sie, wie sie sich öffnete, und als sie eintraten, standen sie zu Hause in ihrer Klosterzelle.

Da begriffen sie: Der Ort, an dem Himmel und Erde sich berühren, befindet sich auf dieser Erde, an der Stelle, an der du lebst.

NACH EINER LEGENDE AUS RUSSLAND

1. Gestalte ein Bild zu der Geschichte; in dem Bild soll eine Tür vorkommen. Tausche dich in Partnerarbeit darüber aus.
2. Was ist für dich ein Ort, „an dem Himmel und Erde sich berühren“? Führt ein Schreibgespräch[M] dazu.
3. Schaut auf das zurückliegende Kapitel und betrachtet noch einmal die Bilder auf den Seiten 33 (Mark Rothko), 39 (Alexey Kondakov) und 40 (Tabernakel). „Ich will mitten unter euch wohnen“ – „wo Himmel und Erde sich berühren“: Beschreibt, was ihr dazu auf den Bildern entdecken könnt.
4. Beschreibt das Kapiteleingangsbild auf S. 27.
   - Erläutert, wie sich darin das Kapitelthema zeigt.
   - Vergleicht das Bild mit der Abbildung des Gottesnamens auf S. 32.
   - Begründet: Inwiefern kann der Gottesname helfen, das Kapiteleingangsbild zu verstehen?

LICHT UND SCHATTEN – FIGUREN DES ALTEN TESTAMENTS

3

David wird König

Er ist der bedeutendste König Israels und regierte 40 Jahre. David einigte die unterschiedlichen Stämme und machte Jerusalem zur Hauptstadt. Über seinen Tod hinaus galt seine Herrschaft als goldene Zeit des Volkes Israel. Später, als es schlecht um Israel stand, wurde immer wieder ein „neuer David“ erwartet, der ein Reich des Friedens herstellen werde.

Vom Waffenträger zum König

David war zunächst ein junger Waffenträger und wurde früh an den Hof von König Saul gerufen; bald wurde er in seine Elitetruppe aufgenommen.

Damals ließen sich Seevölker aus dem östlichen Mittelmeerraum in Kanaan nieder. Sie wurden Philister genannt. Wegen ihrer Kenntnisse in der Verarbeitung von Eisen waren die Philister den Völkern Kanaans mit Waffen und Werkzeugen überlegen. Die Bibel zählt sie zu den gefährlichsten Feinden Israels. Nach anfänglichen Siegen verlor König Saul im Kampf gegen die Philister das Leben. Im jungen David, dem späteren König, fanden die Philister einen Gegner, der sie in Schach hielt. Nach dem Tod Sauls wurde David König.

In den weiteren Jahrhunderten vermischten sich die Philister mit der einheimischen Bevölkerung. Der Name Palästina leitet sich von den Philistern und von Philistäa ab.

David und Goliat

Die Erzählung von David und Goliat wurde geschrieben, als David schon lange nicht mehr König war. Sie sollte einen gerechten und mutigen König zeigen, der wie ein Schäfer seine Herde beschützt und für sie sorgt.

Elizabeth Jane Gardner Bouguereau, ca. 1895

1. Lest die Geschichte von David und Goliat. Was erfahrt ihr darin über David? Macht ein Brainstorming[M] zu seinen Eigenschaften.
2. Betrachte das Bild. Es hat den Titel „Der Schäfer David“. Gib wieder, in welchem Zusammenhang es mit der Geschichte von David und Goliat steht.
3. Spielt in einem Rollenspiel die Szene zwischen König Saul und David auf S. 49 nach: Ein Diener führt David vor Saul. Dieser sitzt auf einem Stuhl.
4. Tragt „David und Goliat“-Situationen aus dem Alltag zusammen; vervollständigt den Satzanfang: Ich bin kleiner als andere, aber …; Ich bin nicht so stark wie andere, aber …

Die Philister zogen ihre Truppen zum Kampf zusammen. Auch Saul und die Männer Israels versammelten sich zum Kampf. Da trat aus dem Lager der Philister ein Kämpfer namens Goliat hervor. Er war riesengroß. Goliat rief: „Wählt einen Mann aus euren Reihen! Er soll zu mir herkommen. Wenn er mich besiegt, wollen wir eure Knechte sein. Wenn ich ihn aber erschlage, sollt ihr uns als Knechte dienen." Als Saul und ganz Israel diese Worte hörten, erschraken sie und hatten große Angst. Jeden Morgen und jeden Abend kam der Philister und stellte sich zum Kampf bereit hin. Vierzig Tage lang verhöhnte er die Israeliten.

David hütete die Herden seines Vaters Isai. Seine drei älteren Brüder waren zusammen mit Saul in den Krieg gezogen. Eines Tages sagte Isai zu David: „Sieh nach, ob es deinen Brüdern gut geht im Lager." David ging zum Lager. Während er mit seinen Brüdern redete, trat wieder Goliat hervor und rief die gewohnten Worte. Als David das hörte, sagte er: „Wer ist denn dieser Philister? Wie kann er es wagen, die Kämpfer des lebendigen Gottes zu verhöhnen?"

Die Leute berichteten Saul von Davids Worten. Da ließ ihn der König zu sich holen. David sagte zu Saul: „Niemand soll den Mut verlieren wegen dieses Philisters. Ich will hingehen und mit ihm kämpfen." Saul erwiderte ihm: „Du bist noch zu jung, um zu kämpfen. Dieser Philister ist seit vielen Jahren im Krieg geübt." David sagte zu Saul: „Ich hütete für meinen Vater die Schafe. Wenn ein Löwe oder ein Bär ein Lamm aus der Herde riss, lief ich hinterher, schlug auf ihn ein und rettete das Tier aus seinem Maul. Und wenn er sich dann gegen mich wendete, packte ich ihn an der Mähne und schlug ihn tot. Ich habe den Löwen und den Bären erschlagen und diesem Philister wird es genauso ergehen, weil er den lebendigen Gott verhöhnt hat. Der Herr, der mich aus der Gewalt des Löwen und des Bären gerettet hat, wird mich auch aus der Gewalt dieses Philisters retten." Da antwortete Saul: „Geh! Der Herr sei mit dir."

Und Saul zog David seine eigene Rüstung an. David aber sagte zu Saul: „Ich kann in diesen Sachen nicht gehen. Ich bin nicht daran gewöhnt." Er legte sie wieder ab, nahm seinen Stock in die Hand, suchte sich fünf Steine aus dem Bach und legte sie in seine Tasche. Seine Schleuder in der Hand, ging er auf den Philister zu. Der Philister kam immer näher an David heran. Voll Verachtung sah er auf David. Er rief ihm zu: „Bin ich denn ein Hund, dass du lediglich mit einem Stock zu mir kommst?" Und er verfluchte David bei seinen Göttern. David antwortete dem Philister: „Du kommst zu mir mit Schwert, Speer und Sichelschwert. Ich aber komme zu dir im Namen des Herrn, des Gottes Israels, den du verhöhnt hast. Alle Welt soll erkennen, dass Israel einen Gott hat."

Als der Philister weiter vorrückte, lief auch David dem Philister entgegen. Er griff in seine Tasche, nahm einen Stein heraus, schleuderte ihn ab und traf den Philister an der Stirn. Der Stein drang tief in die Stirn ein und der Philister fiel mit dem Gesicht zu Boden. So besiegte David den Philister mit einer Schleuder und einem Stein; er traf ihn und tötete ihn. Als die Philister sahen, dass ihr stärkster Mann tot am Boden lag, flohen sie. Die Israeliten aber griffen an. Sie erhoben ein Kriegsgeschrei, verfolgten die Philister bis in ihr Land. Und sie erschlugen viele von ihnen.

Nach 1 Sam 17

Die dunkle Seite König Davids

In der Bibel kommt noch eine ganz andere Seite von König David ans Licht: seine „Schattenseite“. Erzählt wird von einem König auf Abwegen, der seine Macht über andere missbraucht.

David, Batseba und Urija

Als seine Männer im Krieg gegen die Ammoniter waren, ging David eines Abends auf dem flachen Dach seines Palastes spazieren. Von dort sah er, wie eine Frau badete. Sie gefiel ihm sehr. Er überlegte: „Ist das nicht Batseba, die Frau meines Soldaten Urija?“ Darauf ließ David Batseba in den Palast holen und schlief mit ihr. Einige Zeit später sendete Batseba einen Boten zu David mit der Nachricht: „Ich bin schwanger.“

David rief daraufhin Urija zu sich. Als Urija zu ihm kam, befragte ihn David nach dem Stand des Kampfes. Dann sagte er zu ihm: „Geh in dein Haus hinab.“ Doch Urija antwortete: „Mein Herr Joab und die Knechte meines Herrn lagern auf freiem Feld; da soll ich in mein Haus gehen, um zu essen und zu trinken und bei meiner Frau zu liegen? Das werde ich nicht tun.“ Und er ging nicht in sein Haus hinab, auch nicht, nachdem er von David betrunken gemacht wurde.

Am anderen Morgen schrieb David einen Brief an Joab und ließ ihn durch Urija überbringen: „Stellt Urija nach vorn, wo der Kampf am heftigsten ist, dann zieht euch von ihm zurück, sodass er getroffen wird und den Tod findet.“ So geschah es und Urija fiel im Kampf. Sobald die Trauerzeit vorbei war, ließ David Batseba zu sich in seinen Palast holen. Sie wurde seine Frau und gebar ihm einen Sohn. Dem Herrn missfiel, was David getan hatte.

Nach 2 Sam 11

Natans Eingreifen

Darum schickte der Herr den Natan zu David; dieser ging zu David und sagte zu ihm: „In einer Stadt lebten einst zwei Männer; der eine war reich, der andere arm. Der Reiche besaß sehr viele Schafe und Rinder, der Arme aber besaß nichts außer einem einzigen kleinen Lamm, das er gekauft hatte. Er zog es auf und es wurde bei ihm zusammen mit seinen Kindern groß. Es aß von seinem Stück Brot und es trank aus seinem Becher, in seinem Schoß lag es und war für ihn wie eine Tochter. Da kam ein Besucher zu dem reichen Mann und der brachte es nicht über sich, eines von seinen Schafen oder Rindern zu nehmen, um es für den zuzubereiten, der zu ihm gekommen war. Darum nahm er dem Armen das Lamm weg.“

Da geriet David in heftigen Zorn über den Mann und sagte zu Natan: „So wahr der Herr lebt: Der Mann, der das getan hat, verdient den Tod. Das Lamm soll er vierfach ersetzen, weil er das getan und kein Mitleid hatte.“ Da antwortete Natan zu David: „Du selbst bist der Mann.“

Darauf sagte David zu Natan: „Ich habe gegen den Herrn gesündigt.“ Natan antwortete: „Der Herr hat dir deine Sünde vergeben; du wirst nicht sterben. Weil du aber durch diese Tat den Herrn verworfen hast, muss der Sohn, der dir geboren wird, sterben.“ So geschah es. Am siebten Tag aber starb das Kind. Batseba gebar bald darauf einen zweiten Sohn mit dem Namen Salomo.

Nach 2 Sam 12,1–25

Vasiliy Myazin, 2002

1. „Dem Herrn missfiel, was David getan hatte“: Stellt eine Liste zusammen, wodurch König David seine Macht missbraucht hat und schuldig geworden ist.
2. Ehe Natan zu David geht, überlegt er sich, wie er ihn zur Einsicht bringen könnte. Schreibe die Gedanken auf, die ihm dabei durch den Kopf gehen könnten.
3. Beschreibe das Bild „Der Stern Davids“ von Vasiliy Myazin. Charakterisiere, wie der Künstler die einzelnen Personen darstellt. Schreibe dazu Stichwörter auf Kärtchen und lege sie auf das Bild.
4. Diskutiert in der Klasse, was zum richtigen Verhalten eines Menschen gehört, der über andere Macht hat. Haltet euer Ergebnis auf einem Plakat fest, auf dem ihr Regeln formuliert.

Figuren des Glaubens

Im Alten Testament begegnen wir vielen Menschen, die mit ihrem Leben den Glauben an Gott zeigen. Sie hören das Wort Gottes und handeln in seinem Sinne. Aber sie sind auch immer in sich selbst gefangen und geraten in Versuchungen. Zu ihnen gehören David, Jona und Tobit. Es sind *Figuren des Glaubens*. Von ihnen erzählen legendäre Geschichten (vgl. Kap. 4, S. 84–85), die bis heute immer wieder Menschen bewegen, weil sie sich darin wiederfinden können.

Da ist David, der

- ein Mensch mit zwei Gesichtern ist. David ist jedoch offen für Gott und bereit, seine Fehler einzugestehen und umzukehren. Die Davidgeschichten lassen keinen Zweifel, dass Gott mit ihm ist.

Da ist Jona, der

- von Gott gesandt wird, eine Strafe anzudrohen. Er weicht aus, will den Auftrag nicht erfüllen, wird aber dann doch noch zum Propheten und verkündet das Wort Gottes.

Da ist Tobit, der

- erfährt, dass Gott den Menschen heil macht. Er ist ein Gott der Barmherzigkeit und schickt einen Beistand, der das Leben begleitet und alles zum Guten führt. Er bezeugt: Das Leben mit Gott heißt vor allem, zu seinen Mitmenschen barmherzig zu sein.

Mit diesen Figuren des Glaubens will die Bibel erzählen, was eigentlich jeden Menschen in seinem Leben angeht. Viele der Geschichten sind *Lehr*erzählungen und keine historischen Berichte. Sie wollen die Zuhörer/-innen und Leser/-innen „lehren" und anregen, nachzudenken. Sie motivieren so zum eigenen Erkennen und richtigen Handeln.

Das Kleine hat Gott erwählt

Immer wieder geht es um die Erfahrung des Volkes Israel, dass Gott das Kleine erwählt, um seinen Willen deutlich zu machen. Im kleinen Volk Israel spricht Gott zu den Menschen. In der Berufung des David wird dies erzählt:

Der Prophet Samuel erhielt vom Herrn den Auftrag, einen neuen König zu salben, denn der regierende König Saul war krank und nicht mehr in der Lage, seine Aufgabe zu erfüllen. Er sagte zu Samuel: „Fülle dein Horn mit Öl und mach dich auf den Weg. Ich schicke dich nach Betlehem zu dem Israeliten Isai, denn ich habe einen seiner Söhne als König ausersehen." Da aber Saul noch am Leben war, musste alles streng geheim vonstattengehen. Das Opferfest bot dem Propheten die Gelegenheit, Isai aufzusuchen, ohne dass es Aufsehen erregte.

So zog Samuel nach Betlehem und lud Isai und seine Söhne zum Opfer ein. Isai erschien mit sieben seiner Söhne. Als Samuel den ältesten sah, sagte er: „Das ist ein stattlicher junger Mann. Er ist bestimmt der neue König!" Aber der Herr sprach zu Samuel: „Du lässt dich von seiner Größe und seiner Schönheit beeindrucken. Ich aber schaue auf das Herz der Menschen. Er soll nicht der König sein."

Da rief Isai seinen zweiten Sohn. Aber auch ihn hatte der Herr nicht erwählt. Dann kam der dritte Sohn. Auch ihn hatte der Herr nicht zum König erwählt. Endlich hatten alle Söhne vor Samuel gestanden, und bei jedem sagte Samuel: „Der Herr hat ihn nicht erwählt."

„Sind das alle deine Söhne?", fragte Samuel. „Nein", antwortete Isai: „Der Jüngste ist nicht da. Er hütet die Schafe." „Hol ihn!", befahl der Prophet.

Isai schickte einen seiner Knechte auf die Weide. Bald kam er mit David zurück. David war blond, seine Augen leuchteten und er hatte eine schöne Gestalt.

Da sagte der Herr: „Auf, salbe ihn! Er ist es." Samuel nahm das Horn mit Öl und salbte David mitten unter seinen Brüdern. Und der Geist des Herrn war über David von diesem Tag an.
(Nach 1 Sam 16,1–13)

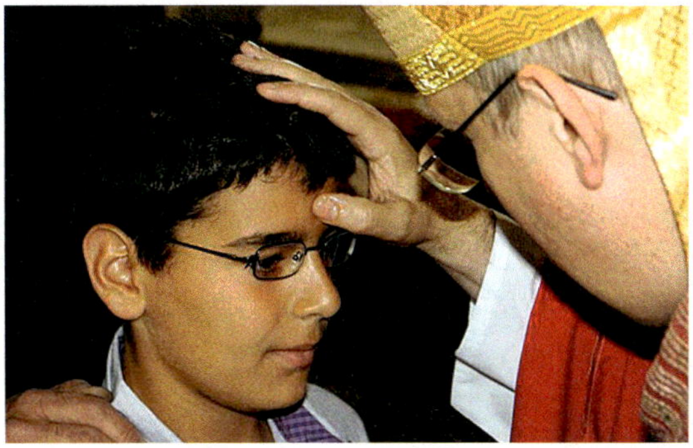
Ein Junge wird bei der Firmung vom Bischof gesalbt.

Salbung

Die Salbung des David ist ein Zeichen für die Erwählung durch Gott. Sie soll auch daran erinnern, dass der Gesalbte in seinem Tun Gott gegenüber verantwortlich ist. Darüber hinaus ist die Salbung ein Zeichen für den Geist Gottes, der mit dem Gesalbten ist.

Das Salböl war sehr kostbar und enthielt verschiedene edle Gewürze und ätherische Öle. Die Salbung selbst geschah durch den Propheten Samuel, der das Wort Gottes vernommen hatte.

Auch Jesus wurde als Gesalbter bezeichnet und auch von ihm wird erzählt, dass er in Betlehem, der „Stadt Davids" geboren wurde. Viele Menschen sahen in ihm den „neuen David". Gesalbter heißt im Hebräischen „Messias" und im Griechischen „Christus".

Die Kirche spendet die Salbung bei der Taufe, der Firmung, der Krankensalbung und im Rahmen der ▸ Priesterweihe. So soll schon bei der Taufe deutlich werden, dass das Kind königliche Würde besitzt und zu Christus, dem Gesalbten gehört. Die Salbung soll auch zeigen, dass der Heilige Geist immer bei ihm ist. In der ▸ Firmung wird die Salbung bekräftigt. Der Bischof, der den Firmling salbt, spricht die Worte: „Sei besiegelt mit dem Heiligen Geist." Die Salbung soll den Jugendlichen Kraft und Zuversicht für ihr Leben geben.

1. Lies die Geschichte von der Berufung und Salbung Davids links im Abschnitt über „Das Kleine hat Gott erwählt". Erzähle sie in eigenen Worten nach und erläutere, was darin über David und seine Berufung zum König ausgesagt wird.
2. „Gott schaut nicht auf das Äußere eines Menschen, sondern auf sein Herz."
   - Nimm Stellung zu diesem Satz und finde Beispiele aus deinem Umfeld.
   - Gestalte den Satz auf einer ganzen Heftseite in kunstvoller Schönschrift, als Kalligrafie.
3. Was kommt zum Ausdruck, wenn Jungen und Mädchen bei der Firmung vom Bischof gesalbt werden? Betrachtet und deutet das Foto und gebt den Inhalt des Textes mündlich wieder.
4. Betrachtet das Kapiteleingangsbild (S. 47) genau; es trägt den Titel „David". Was fällt euch auf? Deutet das Bild.
5. Zeichne einen Menschen mit zwei Seiten, mit Stärken und Schwächen. Du kannst dich dabei am Kapiteleingangsbild orientieren.

Der Jona, das ist vielleicht einer!

*Und Gott sah aus von seiner Höh
und sah auf die Stadt Ninive.*

*Dann ließ er seine Blicke wandern
langsam von einem Land zum andern,*

*sah Wald, sah Meer, sah das, sah dies –
sah einen Mann, der Jona hieß.*

*„Los Jona", sprach der Herr, „nun geh
auf schnellstem Weg nach Ninive!*

*Sag ihr mein Wort! Sei mein Prophet,
weil es dort leider übel steht.*

*Da hilft nur eine kräftige Predigt,
sonst ist die schöne Stadt erledigt!"*

*Doch Jona wurde blass vor Schreck
und sagte zu sich: „Nichts wie weg!*

*Ich lösch mein Licht, verschließ mein Haus.
Ich mach mich fort. Ich reiße aus."*

*Den Blick nach Westen wandte er.
Erst lief er nur. Dann rannte er.*

*Am Feld entlang – am Wald entlang –
er sah sich um. Es war ihm bang.*

*Der Staub flog hoch. Er keuchte sehr,
als liefe einer hinter ihm her.*

*Gott aber, der den Weg schon kannte,
sah lächelnd zu, wie Jona rannte.*

*Am Ende kam der müde Mann
am weiten blauen Meere an.*

*Da roch die Luft nach Salz und Tang.
Da fuhrn die Fischer aus zum Fang.*

*Matrosen sah man lachend schlendern,
erzählten sich von fremden Ländern.*

*Noch lag ihr Schiff an festen Tauen.
Noch sangen die Matrosenfrauen.*

*Als Jona alles angestaunt,
da war er wieder gut gelaunt.*

*Er sagte zu dem Kapitän:
„Wohin soll denn die Reise gehn?"*

*„Nach Tharsis geht es", sagte der,
„weit weg von hier, weit übers Meer."*

*„Je weiter", rief er, „desto besser!
Hört zu: Ich bin kein starker Esser,*

*ich nehme wenig Platz euch weg
und zahle gut. Lasst mich an Deck!"*

*So zahlte er und ging an Bord.
Und bald darauf, da fuhrn sie fort.*

*Das Meer war weit. Das grüne Land,
es wurde kleiner und verschwand.*

*„Ahoi!", rief Jona. „Klar bei See!
Ich gehe nicht nach Ninive!"*

*Dann langsam sank die Sonne unter.
So stieg er in das Schiff hinunter.*

*Und weil er nicht geschlafen hatte,
legt' er sich in die Hängematte.*

*Und Gott sah aus von seiner Höh
und sah auf die Stadt Ninive*

*und sah das Schiff, schon weit vom Hafen,
und sah: Jetzt geht der Jona schlafen.*

*Auf einmal gab es einen Stoß.
Das Schiff stand schief. Ein Sturm brach los.*

*Die Wellen schwappten über Deck
und spülten alle Bänke weg.*

*Das Ruder schlug und brach zuletzt.
Das große Segel hing zerfetzt.*

*Nun rollten Donner, zuckten Blitze.
Der hohe Mast verlor die Spitze.*

*Das Schiff, es wurde hochgehoben
und zeigte manchmal steil nach oben.*

*Den armen Leuten auf dem Schiff
war bange, als der Sturmwind pfiff.*

Sie liefen ängstlich hin und her.
Ihr Boot schien ihnen viel zu schwer.

Sie nahmen alles, was sie hatten:
den Anker und die Hängematten,

den Kompass und das Wetterhaus,
und warfen es zum Schiff hinaus.

Dann wollten sie in ihren Nöten
ein Lied anstimmen oder beten.

So riefen sie – weil sie nicht wussten,
zu wem sie wirklich beten mussten;

denn Gott war ihnen unbekannt –:
„Hilf, wer das kann, hilf uns an Land!“

Zu Jona lief der Kapitän
und bat ihn, endlich aufzustehn.

„Auf! Auf!“, befahl er dem Propheten,
„wenn du es kannst, dann hilf uns beten!“

Inzwischen sagten die Matrosen,
sie wollten miteinander losen.

Wer nur das schwarze Los bekäm,
der wäre schuld an alledem.

Und Jona zog das schwarze Los.
Und jeder sprach: „Wer ist das bloß?“

„Ich bin“, sprach Jona, „ein Hebräer,
Ich flieh – und doch kommt Gott mir näher.

Ja, Gott, dem bin ich wohlbekannt.
Hat mich nach Ninive gesandt.

Da bin ich vor ihm ausgerissen
und werd nun wohl ertrinken müssen.“

Zuerst versuchten die Matrosen
es noch mit Rudern und mit Stoßen.

Doch als es gar nicht anders ging
und schon das Schiff zu sinken anfing,

da nahmen sie den Jona her
und warfen ihn hinaus ins Meer.

Klaus-Peter Hertzsch, nach Jona 1–2

Nikola Sarić, 2015–2016

1. Teilt die Klasse in zwei Hälften auf und tragt euch die Strophen der Ballade abwechselnd im Chor vor.
2. Die Geschichte geht weiter ...
   - Lest in der Bibel Jona 1 und 2.
   - Schreibt auf: Welche Eigenschaften, die für Menschen typisch sind, entdeckt ihr bei Jona? Wie reagiert Gott darauf?
3. Vor einer Aufgabe weglaufen – ausweichen – um Hilfe rufen und umkehren: Erzählt euch dazu Geschichten und fangt an mit dem Satz: So wie Jona habe ich einmal ...
4. Beschreibe das Bild. Erkläre, wie der Künstler die Beziehung zwischen Jona und Gott darstellt.

Jona – eine unendliche Geschichte?

Die Geschichte von Jona erscheint wie ein Märchen, wundersame Dinge reihen sich aneinander. Nachdem Jona vom großen Fisch verschluckt und schließlich wieder an Land gespuckt wurde, erfüllt er den „Auftrag" Gottes, geht nach Ninive und ruft die Menschen dort zur Umkehr auf.

Es kommt anders, als Jona denkt

Gott schickt Jona nach Ninive. Gemeint ist nicht die echte Stadt Ninive, in früheren Zeiten einmal eine mächtige Stadt, die weit im Osten des heutigen Irak lag und die Hauptstadt des assyrischen Reiches war. Ninive – das ist in dieser Geschichte sozusagen der Inbegriff einer feindlichen, gottlosen Stadt.
Dass Jona wenig Lust hat, dort hinzugehen, ist verständlich. Doch es geschieht Erstaunliches: Jona predigt – und die Bewohner der Stadt Ninive verändern ihr Leben und tun Buße. Noch erstaunlicher ist es für Jona, wie Gott reagiert: Er zieht die Ankündigung, die Stadt zu zerstören, zurück.

Jona will nicht verstehen

Das Buch Jona ist eine Lehrerzählung. Als solche will sie ihre Zuhörerinnen und Zuhörer „lehren", nachzudenken und sich eine Meinung zu bilden. Sie führt vor Augen, dass Gott ganz anders handelt als erwartet: „Da reute Gott das Unheil, das er ihnen angedroht hatte, und er tat es nicht!" (Jona 3,10). Der Prophet Jona kann das ganz und gar nicht verstehen. Er wird richtig zornig und schimpft: „Ach Herr, habe ich das nicht schon gesagt, als ich daheim war? Eben darum wollte ich fliehen; denn ich wusste, dass du ein gnädiger und barmherziger Gott bist" (Jona 4,2).

Die Geschichte fährt fort mit einer Frage Gottes an Jona: „Ist es recht von dir, zornig zu sein?" (Jona 4,4). Würdest du so reagieren wie Jona oder wie Gott, fragt die Geschichte. Und dann geht sie noch weiter …

> Da verließ Jona die Stadt und setzte sich östlich vor der Stadt nieder. Er machte sich dort ein Laubdach und setzte sich in seinen Schatten, um abzuwarten, was mit der Stadt geschah. Da ließ Gott, der HERR, einen Rizinusstrauch über Jona emporwachsen, der seinem Kopf Schatten geben und seinen Ärger vertreiben sollte. Jona freute sich sehr über den Rizinusstrauch.
>
> Als aber am nächsten Tag die Morgenröte heraufzog, schickte Gott einen Wurm, der den Rizinusstrauch annagte, sodass er verdorrte. Und als die Sonne aufging, schickte Gott einen heißen Ostwind. Die Sonne stach Jona auf den Kopf, sodass er fast ohnmächtig wurde. Da wünschte er zu sterben und sagte: Es ist besser für mich, zu sterben als zu leben. Gott aber sagte zu Jona: Ist es recht von dir, wegen des Rizinusstrauches zornig zu sein?
>
> Er antwortete: Ja, es ist recht, dass ich zornig bin und mir den Tod wünsche. Darauf sagte der HERR: Du hast Mitleid mit einem Rizinusstrauch, für den du nicht gearbeitet und den du nicht großgezogen hast. Über Nacht war er da, über Nacht ist er eingegangen. Soll ich da nicht Mitleid haben mit Ninive, der großen Stadt, in der mehr als hundertzwanzigtausend Menschen leben, die zwischen rechts und links nicht unterscheiden können – und außerdem so viel Vieh?
>
> *Jona 4,5–11*

Albrecht Genin, 2002

1. Lies die Texte links. Zeichne ein Dreieck in dein Heft und beschrifte die Ecken mit „Jona", „Bewohner von Ninive" und „Gott". Schreibe in Sprechblasen, was sie zueinander sagen können.

2. Wie sieht „dein" Jona aus: wütend, verzweifelt, staunend …? Zeichne Jona als Comicfigur.

3. Führe ein Bildgespräch[M] zum Bild von Albrecht Genin. Finde im Bibeltext aus Jona 4 auf S. 56 Gründe, warum das Gemälde dazu passt, und gib ihm einen Titel.

4. Mit anderen kein Mitleid haben – sich über Kleinigkeiten beschweren – eine Wut im Bauch haben: Erzählt euch dazu Geschichten und fangt mit dem Satz an: So wie Jona habe ich einmal …

5. Soll ich kein Mitleid haben mit Ninive? Mit dieser Frage endet die Jonageschichte. Was würdet ihr – mit Blick auf die Welt heute – anstelle von Jona antworten? Schreibt eure Antworten auf Zettel. Tragt eure Antworten anschließend vor und diskutiert darüber.

Tobias und Rafael: Gott hilft

Vor langer, langer Zeit lebten im Volk der Israeliten ein Mann und eine Frau, die Tobit und Hanna hießen. Sie hatten einen Sohn mit dem Namen Tobias. Tobit und Hanna lebten wie viele andere Israeliten als Ausländer in einem fremden Land. Durch ein Unglück war Tobit erblindet.

Eines Tages erinnerte sich Tobit an eine Geldsumme, die er einmal auf einer Reise einem Freund zum Aufbewahren gegeben hatte. Dieser Freund wohnte in einem anderen Land. Tobit bat seinen Sohn, für ihn das Geld zu holen, weil sie es brauchten. Tobit wusste, dass es eine gefährliche Reise werden könnte, denn überall lauerten Räuber den Reisenden auf. Deshalb suchte sich Tobias einen Reisegefährten. Er traf auf einen Mann, der sich Rafael nannte. Tobias mochte Rafael, und auch der Vater war mit ihm einverstanden. Als sie sich über den Begleiterlohn geeinigt hatten, segnete Tobit seinen Sohn und seinen Reisegefährten. Als die beiden dann fortgingen, weinte Hanna. Tobit tröstete sie: „Mach dir keine Sorgen. Du wirst ihn wiedersehen. Ich glaube, ein guter Engel begleitet ihn."

Auf ihrer Reise kamen Tobias und Rafael an einen großen Fluss. Als Tobias im Fluss baden wollte, schoss ein riesengroßer Fisch aus dem Wasser und wollte ihn verschlingen. Rafael rief: „Pack ihn und wirf ihn ans Ufer. Schneide den Fisch auf und nimm Herz, Leber und Galle heraus. Das sind gute Heilmittel." Dann brieten sie den Fisch und aßen ihn auf. Endlich kamen sie in eine Stadt, in der auch ein Freund des Vaters wohnte.

Er hieß Raguel und hatte eine schöne Tochter, die Sara genannt wurde. Diese litt an einer Krankheit. Rafael und Tobias besuchten die Familie des Raguel. Rafael heilte Sara mit der Fischleber und dem Fischherzen. Sara gefiel Tobias so sehr, dass er Raguel und seine Frau Edna bat, ihm Sara zur Frau zu geben. Dann wurde ein prächtiges Hochzeitsfest gefeiert, vierzehn Tage lang. Während dieser Zeit reiste Rafael alleine weiter, um die Geldsumme für Tobit zu holen.

Als er zurück war, bereiteten sie die Heimreise zu Tobit und Hanna vor. Raguel und seine Frau segneten Sara und Tobias zum Abschied und küssten sie. Dann reisten sie zusammen mit Rafael ab.

Eines Morgens saß Mutter Hanna wie so oft am Weg und hielt Ausschau nach Tobias. Plötzlich erschrak sie freudig: Sie sah ihren Sohn kommen. Sie rief ihren Mann und lief dann den Reisenden stürmisch entgegen. Der blinde Tobit stolperte hinter ihr her. Tobias konnte ihn gerade noch in seinen Armen auffangen. Auf Geheiß Rafaels strich er ihm von der Fischgalle auf die Augen, und sofort konnte Tobit wieder sehen. Laut dankte er Gott und fiel Tobias um den Hals.

Nun erzählte Tobias, dass er geheiratet habe, und stellte ihnen Sara vor. Hanna und Tobit hießen Sara herzlich willkommen und küssten sie.

Dann sprach Tobit zu Rafael: „Du warst ein guter Reisebegleiter. Nimm als Lohn die Hälfte von allem, was ihr mitgebracht habt."

Rafael sagte: „Lobt Gott. Ich bin Rafael, ein heiliger Engel." Da erschraken sie und fielen voller Furcht vor ihm nieder. Er aber sagte zu ihnen: „Fürchtet euch nicht. Ich war der Begleitengel zu eurem Schutz und Segen. Gott war euch nahe." Als sie wieder aufblickten, war der Engel verschwunden.

Hermine König, nach dem Buch Tobit

Michael D. O'Brien, 2007

1 Lest die Geschichte vor und macht anschließend das Kim-Spiel[M].

2 In der Tobit-Geschichte fließen die Geschichten von Tobit, Sara und Tobias zusammen. Gestalte in deinem Heft mit Zeichnungen, Pfeilen oder Symbolen, wie diese Figuren miteinander verbunden sind.

3 Beschreibe das Bild. Achte dabei besonders auf den Bildaufbau, die Symbole und die Farben. Wie bringt der Künstler zum Ausdruck, dass der Engel den jungen Tobias auf der Reise führt und die Familiengeschichte in einem Happy End ihren Ausgang nimmt.

4 Die Geschichte aus dem Buch Tobit ist eine märchenhafte Lehrerzählung – wie auch das Buch Jona (vgl. S. 54–57). Tauscht euch zu zweit darüber aus, worin die Lehre der Tobit-Geschichte bestehen könnte. Berichtet in der Klasse.

Barmherzigkeit ist ein kostbarer Schatz

Die Erzählung von Tobit und seinem Sohn Tobias wird manchmal auch „das biblische Buch der Barmherzigkeit" genannt – so oft kommt darin das Wort Barmherzigkeit vor. Die Erzählung beginnt mit den Worten: *„Ich, Tobit, folgte mit gerechten Taten den Wegen der Wahrheit alle Tage meines Lebens und viele Werke der Barmherzigkeit tat ich meinen Brüdern und meinem Volk, die mit mir in das Land der Assyrer nach Ninive in Gefangenschaft gegangen waren"* (Tob 1,3).

Die Geschichte von Tobit spielt – wie die Geschichte von Jona – in einem fernen, fremden Land: Tobit, der gläubige Israelit, lebt im Exil in Ninive. Der Name der feindlichen Stadt Ninive steht hier für ein Leben unter schwierigen Umständen. Es ist für Tobit dort nicht leicht, seinen Glauben zu leben. Er erzählt: *„Mein Brot gab ich den Hungernden und Kleider den Nackten; und wann immer ich sah, dass jemand aus meinem Volk starb und hinter die Mauer von Ninive geworfen wurde, begrub ich ihn"* (Tob 1,17).

Etwas riskieren, auch wenn es nicht alle verstehen

Tobit geht mit diesen Taten der Barmherzigkeit ein hohes Risiko ein. Er muss Verfolgung und Bestrafung befürchten. Doch damit nicht genug: Das Unglück will es, dass ihm, als er wieder einmal heimlich einen Toten bestattet, Vogelkot in die Augen gerät. Tobit erblindet. Das bringt die Familie in große Bedrängnis. Selbst seine Frau kann ihn nicht verstehen und jammert: *„Wo sind jetzt deine Werke der Barmherzigkeit? Wo sind deine gerechten Taten?"* (Tob 2,14).

Doch statt mit Gott zu hadern, tut Tobit etwas ganz anderes – er betet und preist Gott, der gut und gerecht ist. Dieses große Vertrauen auf Gott spiegelt sich auch in seinem Namen: Tobit bedeutet so viel wie „Gott ist gut". Am Ende geht die Geschichte für Tobit tatsächlich gut aus.

Teilen und mitleiden

Tobit war großzügig und „großherzig". Er teilte mit den Armen und Bedürftigen. Für diese Form des Teilens gibt es das alte Wort „Almosen geben". Das Wort „Almosen" stammt aus dem Griechischen und bedeutet „Barmherzigkeit". Almosen zu geben meint nicht nur, das zu teilen, was man besitzt. Barmherzig ist der – so sagt es Papst Franziskus –, „der es versteht zu teilen und auch die Probleme der anderen Menschen mitzuleiden".

Tobit gibt seinem Sohn Tobias folgende Ratschläge mit auf den Weg:

Wende dein Angesicht von keinem Armen ab, dann wird sich Gottes Angesicht nicht von dir abwenden!

Wie es dir möglich ist: Aus dem Vollen schöpfend – gib davon Almosen! Wenn dir wenig möglich ist, fürchte dich nicht, aus dem Wenigen Almosen zu geben!

Tob 4,7b–8

Tut das Gute und das Böse wird euch nicht finden!

Besser Gebet zusammen mit Wahrheit und Almosen zusammen mit Gerechtigkeit als Reichtum zusammen mit Unrecht. Almosen geben ist schöner als einen Goldschatz sammeln.

Die Almosen geben, werden mit Leben gesättigt werden.

Tob 12,7b–8.9b

Das kirchliche Hilfswerk ▸ Misso hat im Jahre 2016 eine weltweite Abstimmung im Internet zur Barmherzigkeit durchgeführt. Auf sieben Kacheln stand jeweils eine „Botschaft der Barmherzigkeit" an Menschen, die Hilfe brauchen. Die Teilnehmerinnen und Teilnehmer sollten eine Kachel anklicken, die für sie am besten ausdrückt, was Barmherzigkeit heute bedeutet. Das Gewinnermotiv wurde auf Karten gedruckt, die man weitergeben und verschenken konnte. Missio rief dazu auf: „Machen Sie mit und schenken Sie Barmherzigkeit. Für eine Welt voller Nächstenliebe und Mitgefühl. Barmherzigkeit verändert die Welt!"

1. Erläutert, zu wem die Botschaften auf den Kacheln der Missio-Internetumfrage gesprochen werden könnten und was sie mit Barmherzigkeit zu tun haben.
2. Führt in eurer Klasse die Umfrage durch und gestaltet mit den am häufigsten genannten Sätzen selbst Karten. Überlegt, wem ihr sie weitergeben und schenken könnt.
3. Die Ratschläge, die Tobit seinem Sohn Tobias gibt, wollen zum Nachdenken anregen. Fasse sie in kurzen Sätzen zusammen, die du untereinanderschreibst. Wähle einen Satz aus, der dich besonders anspricht. Erkläre, warum.
4. Diskutiert mit der Placemat-Methode die Aussage: „Barmherzigkeit verändert die Welt."

Engel: Boten der Nähe Gottes

Engel stehen für die heilende und liebende Nähe Gottes. Sie zeigen Menschen, dass Gott ihnen beisteht, in allen Situationen des Lebens. Gott ist da: Das ist die Grunderfahrung des Glaubens. In den Engeln können sich viele Menschen diese Gegenwart Gottes besser vorstellen und sich so für sie öffnen.

In der Bibel

In der Bibel wird über zweihundert Mal von Engeln erzählt: Dem Mose erschien „der Engel des Herrn in einer Feuerflamme mitten aus dem Dornbusch" (Ex 3,2). Der Engel Rafael begleitet Tobias. Der Engel Gabriel verkündet Maria, dass sie ein Kind empfangen wird, dem sie den Namen Jesus geben soll. Als Jesus geboren wurde, verkündigt der Engel: „Heute ist euch in der Stadt Davids der Retter geboren; er ist der Christus, der Herr" (Lk 2,11). Nach dem Tod Jesu spricht der Engel zu den Frauen am leeren Grab: „Er ist nicht hier; denn er ist auferstanden, wie er gesagt hat" (Mt 28,6).

Boten Gottes

Engel sind Boten, die einen göttlichen Auftrag erfüllen. Sie überbringen den Menschen Gottes Botschaft. Diese Botschaft ist nicht einfach mit den Ohren zu hören. Menschen können sie nur dann hören, wenn sie auch ihr Herz dafür öffnen. Engel werden in der Kunst meist mit Flügeln dargestellt, weil sie sich als Boten zwischen „Himmel und Erde", Gott und Mensch „bewegen". Engel dienen Gott; selber dürfen sie nicht angebetet werden.

Cornelia Effner, 2009

Schutzengel

Wie Gott jeden Menschen kennt und „in seine Hand eingezeichnet hat" (vgl. Jes 49,16), so glauben viele Menschen an einen persönlichen Schutzengel, der sie stets begleitet, in schönen, aber auch in schwierigen Situationen, wie es die Geschichte von Tobias und Rafael erzählt. Jedes Jahr feiert die Kirche am 2. Oktober das Schutzengelfest.

Engel sein

Jeder Mensch kann und soll für andere gewissermaßen zum Engel werden: Wenn er weitergibt, was Gott will, wird er dabei zu einem Engelsboten. Oft erkennen wir erst im Nachhinein, dass ein Mensch wie ein Engel zu uns war.

JOHANNES OERDING

Engel

Ich bin schon so oft gefallen,
weil ich kein Licht gesehen hab.
Ich bin schon so oft gestolpert,
weil ein Stein im Wege lag.

Doch irgendwie ist nie was
Schlimmeres geschehen,
bin auf den Füßen gelandet,
konnt' immer weiter geh'n.

Denn dass da ein Engel ist,
hab' ich sofort gewusst,
hat seine Flügel gut versteckt,
damit die Welt ihn nicht entdeckt.
Denn dass da ein Engel ist,
war mir von Anfang an so klar,
denn wann immer ich einen
brauchte, war er da.

Ich habe Grenzen überschritten,
wollt' sehen, was dahinter lag.
Bin über dünnes Eis gelaufen,
ohne dass es gleich zerbrach.

Dass du ein Engel bist,
hab' ich sofort gewusst,
hast deine Flügel gut versteckt,
damit die Welt dich nicht entdeckt.
Denn dass du ein Engel bist,
war mir von Anfang an so klar,
denn wann immer ich einen brauchte,
warst du da.

Und irgendwo da draußen,
egal ob Tag oder Nacht,
hat jeder seinen Engel,
der schützend über ihn wacht.

1. Gestalte eine Mindmap zum Thema „Engel“ und erläutere, was im Verständnis des Glaubens ein Engel ist.
2. Erkläre die Aussage: „Engel dienen Gott; selber dürfen sie nicht angebetet werden.“
3. Inwiefern kann ein Mensch für andere zum Engel werden? Diskutiert und bezieht Beispiele wie auf S. 42/43 mit ein.
4. Was bringt die Künstlerin Cornelia Effner zum Ausdruck, wenn sie den Engel von hinten darstellt, sodass man das Gesicht nicht sieht? Tragt eure Ideen dazu zusammen.
5. Lies den Liedtext „Engel“ von Johannes Oerding und achte auf die Wirkung in dir. Von welchen Situationen ist die Rede? Was macht für ihn einen Engel aus? Tauscht euch zu zweit darüber aus.

Leah und ihre kleine Freundin Julia

Ich heiße Leah und bin 14 Jahre alt. Ein Freund meiner Eltern erzählte von Kindern mit schweren Krebserkrankungen. Sie sind oft lange im Krankenhaus und von der Außenwelt abgeschnitten, da sie keinen Kontakt zu gefährlichen Keimen haben dürfen. Er erzählte mir auch, dass es ein Projekt gibt, in dem man mit den Kindern über Computer Kontakt aufnehmen kann.

Ich habe nicht lange überlegt und eine E-Mail an die Krebsstation geschickt. Kurz darauf erhielt ich eine Antwort von der kleinen Julia, die mit der Zeit meine Freundin wurde. Diese E-Mail habe ich von Julia bekommen:

„Hallo Leah, ich heiße Julia und bin 4 Jahre alt. Meine Mama schreibt für mich, weil ich noch nicht schreiben kann. Ich surfe aber schon im Internet und habe mit Mama zusammen deine Nachricht auf der Kinderkrebshilfe Homepage gefunden. Ich hatte einen Wilmstumor, der am 26. März durch Operation entfernt wurde. Davor habe ich schon 4 Wochen Chemo bekommen und jetzt bekomme ich noch 27 Wochen Therapie. Ich freue mich schon auf deine Antwort! Herzliche Grüße und alles Gute für dich von Julia."

Ich habe diese Mail total lieb gefunden und mich sehr darüber gefreut. Deshalb habe ich Julia auch gleich geantwortet. Ich schicke ihr zu meinen Mails meist noch eine Geschichte mit, damit ihr nicht so langweilig ist. Manchmal auch Spiele oder Bilder ... Ich hätte nie gedacht, dass wir uns so gut und so lange verstehen würden, aber jetzt ist schon ein ganzes Jahr vergangen und wir schreiben uns immer noch regelmäßig. Julia kann jetzt schon selbst ihren Namen tippen und wenn ihre Mama ihr die Buchstaben zeigt, dann schreibt sie sogar schon ganze Mails alleine.

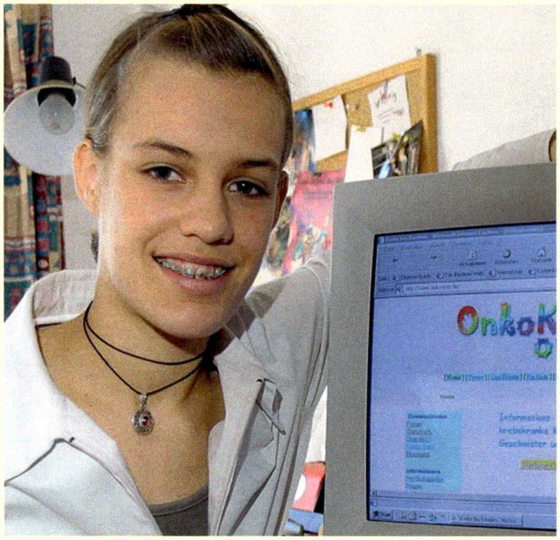

Leah Spitzenpfeil, 14 Jahre alt (2002)

Julia war die ganze Therapie über sehr tapfer. Trotz der Chemo hat sie nicht gejammert und war immer gut gelaunt. Es hat mich sehr beeindruckt, wie selbstverständlich sie mit ihrer Krankheit umgegangen ist. Kleine Kinder sind oft leichter zu therapieren, weil sie ihre Krankheit leichter annehmen als Erwachsene und weil sie sich einfach dazu entscheiden zu kämpfen, egal wie es aussieht. Ich habe jetzt ein paar Kommentare von Julia zu ihrer Krankheit für euch:

„Meine Haare habe ich jetzt bis auf ein paar Strähnchen alle verloren, aber das ist nicht schlimm und ich hoffe, dass ich später rote Haare bekomme, wie Mama."

„Die Chemo war doof. Ich musste gestern Abend das erste Mal brechen und habe heute Morgen erst wieder damit aufgehört. Jetzt bin ich schon wieder fröhlich. Habe gerade mein Dreirad geputzt. Nudeln habe ich auch schon gegessen. Oma ist da und hat etwas vorgelesen und mit mir gespielt. Am liebsten bin ich einfach fröhlich."

„Hast du dem Christkind schon einen Wunschzettel geschickt? Ich ja. Ich hab' mir gewünscht, dass ich nie mehr Krebs habe und nie mehr Chemo-

zwerge brauche. Dann habe ich mir noch einen Puppenwagen gewünscht und einen Bademantel für meine Puppe und dann noch was zum Basteln und zum Dekorieren für mein Kinderzimmer."

Am vierten November bekam Julchen ihre allerletzte Chemo und ihr Professor hat sie sehr gelobt. Julchen war nämlich eines der wenigen Kinder, die diese lange Chemo ohne große Probleme überstanden hat. Leider war's das aber doch noch nicht ganz. Kurz vor Weihnachten bekam Julia wegen den von den Chemos geschwächten Abwehrkräften noch eine heftige Lungenentzündung und sie musste fast zwei Wochen im Krankenhaus liegen. Aber Julia ist stark und sie hat es geschafft, rechtzeitig zu Weihnachten wieder nach Hause zu kommen.

Vor ein paar Tagen war wieder eine große Nachuntersuchung und die zeigte, dass alles in Ordnung ist. Die Ärzte und Schwestern erkennen Julchen nur noch an ihrer Mama, weil sie jetzt wieder so gesund und kräftig aussieht. Julia ist ihren Port los, sie kann wieder hüpfen (ihre Nerven in den Beinen wurden durch die Chemo geschädigt). Julchen hat ihren 5. Geburtstag gefeiert, die Haare wachsen wieder und sie geht wieder ganz normal in den Kindergarten.
Julia hat es geschafft!

Und jetzt möchte ich euch noch vorlesen, wie Julias Mama die Krankheit ihrer Tochter erlebte. Christiane ist wirklich eine unheimlich tolle Mutter gewesen und sie hat viel von ihrer positiven Einstellung auf Julia übertragen. Wenn Christiane nicht gewesen wäre, hätten Julia und ich nie Freundinnen werden können.

Deutsche Leukämie-Forschungshilfe – Aktion für krebskranke Kinder e.V. Heidelberg

Onko-kids-online
Ein Projekt für krebskranke Kinder und Jugendliche

„Liebe Leah,
ich danke dir für deine Zeit, die du immer wieder geopfert hast, um für Julia da zu sein. Ich bin sehr dankbar für alle die Menschen, die Julia in der ganzen Zeit Freude und Liebe geschenkt haben, nur so war es möglich, ihr ihre Freude zu erhalten. Sie ist überhaupt ein so tapferes und freudiges Mädchen, nie war sie traurig oder mutlos, immer fröhlich und immer zum Lachen aufgelegt. Ich bin so dankbar für mein kleines Mädchen, ich bin so dankbar, dass ich sie ein zweites Mal geschenkt bekommen habe.
Die mütterliche Angst ist so übergroß, das eigene Kind zu verlieren, es verschleiert einem das Gehirn, man kann an kaum etwas anderes denken, man hat einfach eine unglaubliche Angst. Mein Traum wurde fast zerstört, mein Kind, mir fast entflogen in die Wolken in den Himmel. Wie ein Schmetterling in die Freiheit …
Sie hat ihre Freiheit gefunden, ihre Freiheit von der Krankheit, Julia hat es geschafft, Julia hatte Krebs und sie hat ihn besiegt. Sie ist so unglaublich stark!
Ich danke dir für deine Zeit!
Alles Liebe und Gute für dich liebe Leah, bleib so engagiert, wie du bist, und mache noch vielen anderen Kindern und Jugendlichen Mut mit deiner so liebenswürdigen Art. Sei stolz auf dich.
Christiane und Julia"

1. Überlegt, was Leah bewogen haben könnte, krebskranken Kindern zu schreiben. Was könnte ihr geholfen haben, dabeizubleiben? Berichtet in der Klasse.
2. Gestalte auf einer ganzen Heftseite Farbflächen für Leah, Julia und ihre Mutter Christiane; überlege genau die Farbauswahl.
3. Schaut nochmals zurück auf die Tobit-Erzählung und sucht nach Verbindungen zum Bericht von Leah über Julia und deren Mutter.
4. Sammelt in der Klasse, welche Eigenschaften nötig sind, um sich bei *Onko-Kids* einzusetzen.

Zwischen Himmel und Erde

Annalies Klophaus, 1987

1 Betrachte das Bild von Annalies Klophaus.
- Beschreibe das Bild.
- Was kommt für euch zum Ausdruck, wenn die Künstlerin das Wort „Mensch“ auf diese Weise als Bild gestaltet? Führt dazu ein Schreibgespräch[M].
- Gestalte selbst ein Bild mit dem Wort „Mensch“.

2 Im zurückliegenden Kapitel stehen David, Jona und Tobit als „Figuren des Glaubens“ im Mittelpunkt.
- Was zieht dich an ihnen an, was schreckt dich ab? Tauscht euch darüber aus.
- Erläutere die Lehren, die du aus ihren Geschichten ziehen kannst.
- Formuliere zu einer Figur deiner Wahl eine Meinung, zum Beispiel: „David ist ein Held, weil ...“ oder „Jona hat sich feige verhalten, weil ...“ Führt anschließend in der Klasse eine Diskussionsrunde mit der Methode „Heißer Stuhl“[M].

GOTTES GEIST BEWEGT – VON JESUS ZUR KIRCHE

4

Da gingen ihnen die Augen auf

Maria aus Magdala, Thomas und Matthäus unterhalten sich im Haus ihres Freundes Joseph in Jerusalem über die Ereignisse nach dem Tod Jesu:

Thomas: Ich muss euch etwas sagen ...

Maria: So? Was denn?

Thomas: Ich habe mich entschlossen, wieder von Jerusalem wegzugehen, heim, zu meiner Familie nach Kafarnaum.

Maria: Das kannst du doch jetzt nicht machen!

Thomas: So? Und warum nicht?

Maria: Jesus ist nicht tot! Er lebt!

Thomas: Ach Maria ... Sei doch mal ehrlich! Hast du das nicht alles einfach nur geträumt?

Maria: Nein, da bin ich mir ganz sicher! Ich habe ihn gesehen, mit ihm gesprochen. Er war da!

Thomas: Aber Maria, sei doch vernünftig! Noch nie ist ein Mensch von den Toten zurückgekommen!

Maria: Ich glaube, du verstehst nicht, wer Jesus eigentlich war! Er war der Messias, der Sohn Gottes, versteh doch!

Thomas: Da bin ich mir nicht mehr so sicher ... Früher, als Jesus noch unter uns war und ich mit ihm reden konnte, da habe ich mir oft gedacht: Aus ihm spricht der Geist Gottes, er ist mehr als ein Mensch. Aber jetzt? Hätte Gott es zugelassen, dass der Messias von den Römern am Kreuz hingerichtet wird? Nie und nimmer!

Matthäus: Aber Maria ist ja nicht die Einzige, die behauptet, dass sie ihn gesehen hat.

Joseph: Ja genau! Heute hat mir Petrus berichtet, dass zwei von uns ganz aufgeregt aus Emmaus zurückgekommen sind und erzählt haben, dass sie Jesus begegnet sind. Zuerst haben sie ihn nicht erkannt; dann aber, als er beim Abendessen das Brot gebrochen hat, gingen ihnen die Augen auf.

Thomas: Ich glaube, ihr werdet langsam alle hysterisch! Das sind doch alles Hirngespinste! Die Wirklichkeit sieht anders aus. Der Hohe Rat hat es jetzt auch auf uns abgesehen und wird uns bald ans Messer liefern. Wacht doch endlich auf! Wir müssen schleunigst aus Jerusalem verschwinden!

Maria: Du bist ganz schön kleingläubig und feige, weißt du das? Wir sind mit Jesus umhergezogen, haben seine Worte gehört und gesehen, was er getan hat, welche Zeichen und Wunder er gewirkt hat. Wir wissen doch, wie er von Gott gesprochen hat. Er hat ihn „Vater im Himmel" genannt. Wie sollte dieser Vater ihn einfach so fallen lassen? Ich sage euch: Er hat ihn auferweckt. Jesus lebt!

1. Lest den Text zuerst still und dann laut mit verteilten Rollen. Versetzt euch in die Personen. Listet ihre Argumente auf und nehmt Stellung dazu.
2. Lies Lk 24,13–35 (Gang nach Emmaus) und fasse das Geschehen in einem kurzen Text zusammen.
3. Betrachtet und deutet das Bild von Arcabas:
   - Während Jesus das Brot nahm und den Jüngern gab, „gingen ihnen die Augen auf". Wie stellt der Künstler dieses Geschehen dar?
   - Das Bild verweist auch in unsere Zeit. Sucht nach Hinweisen dafür und nennt Gründe, warum der Künstler dies so gemacht haben könnte.
4. „Gott hat ihn von den Toten auferweckt": Finde andere Worte für dieses Bekenntnis; du kannst den Satz auch in einem Bild gestalten.

Arcabas, 1993

Ostererzählungen

Nach der Kreuzigung Jesu versteckten sich seine Anhängerinnen und Anhänger. Manche gingen in ihre Dörfer zurück. Auch sie fürchteten um ihr Leben. Jesus, von dem sie alles erwartet hatten, war von den Mächtigen in Jerusalem verurteilt, gefoltert und hingerichtet worden.

Die Geschichte Jesu war damit aber nicht zu Ende. Die Jüngerinnen und Jünger machten eine Erfahrung, die sie zuerst nicht glauben, ja nicht einmal richtig in Worte fassen konnten: Jesus lebt, er ist bei uns, er ruft uns zusammen und gibt uns den Auftrag, das weiterzumachen, was er begonnen hat.

Das früheste Zeugnis dieser Erfahrung in der Bibel sind die Briefe des Paulus, etwa zwanzig Jahre nach Jesu Kreuzigung geschrieben: *„Gott hat ihn von den Toten auferweckt“* (Röm 10,9).

Alles, was später gesagt und erzählt wurde, versucht diese Erfahrung der Auferstehung Jesu immer wieder neu auszusagen und anschaulich zu machen. So auch die Erzählung vom Gang nach Emmaus.

Das Pfingstereignis – Geburtsstunde der Kirche

Die Pfingstgeschichte erzählt von einem Ereignis, das die Jesusjüngerinnen und -jünger in ihrem Inneren getroffen und verändert hat. Danach war nichts mehr so wie vorher, alles war plötzlich anders. Was war geschehen?

Als der Pfingsttag gekommen war, waren alle zusammen am selben Ort. Da kam plötzlich vom Himmel her ein Brausen, wie wenn ein heftiger Sturm aufkommt, und erfüllte das ganze Haus, in dem sie saßen. Und es erschienen ihnen Zungen wie von Feuer, die sich verteilten; auf jeden von ihnen ließ sich eine nieder. Und alle wurden vom Heiligen Geist erfüllt und begannen, in anderen Sprachen zu reden, wie es der Geist ihnen eingab.

In Jerusalem aber wohnten Juden, fromme Männer aus allen Völkern unter dem Himmel. Als sich das Getöse erhob, strömte die Menge zusammen und war ganz bestürzt; denn jeder hörte sie in seiner Sprache reden. Sie waren fassungslos vor Staunen und sagten: Seht! Sind das nicht alles Galiläer, die hier reden? Wieso kann sie jeder von uns in seiner Muttersprache hören? Wir hören sie in unseren Sprachen Gottes große Taten verkünden. Alle gerieten außer sich und waren ratlos. Die einen sagten zueinander: Was hat das zu bedeuten? Andere aber spotteten: Sie sind vom süßen Wein betrunken.

Da trat Petrus auf, zusammen mit den Elf; er erhob seine Stimme und begann zu reden: Ihr Juden und alle Bewohner von Jerusalem! Dies sollt ihr wissen, achtet auf meine Worte! Diese Männer sind nicht betrunken, wie ihr meint; es ist ja erst die dritte Stunde am Tag.

Israeliten, hört diese Worte: Jesus, den Nazoräer, habt ihr durch die Hand von Gesetzlosen ans Kreuz geschlagen und umgebracht. Gott aber hat ihn von den Wehen des Todes befreit und auferweckt.

Als sie das hörten, traf es sie mitten ins Herz und sie sagten zu Petrus und den übrigen Aposteln: Was sollen wir tun, Brüder? Petrus antwortete ihnen: Kehrt um und jeder von euch lasse sich auf den Namen Jesu Christi taufen zur Vergebung eurer Sünden; dann werdet ihr die Gabe des Heiligen Geistes empfangen.

Die nun, die sein Wort annahmen, ließen sich taufen. An diesem Tag wurden ihrer Gemeinschaft etwa dreitausend Menschen hinzugefügt. Sie hielten an der Lehre der Apostel fest und an der Gemeinschaft, am Brechen des Brotes und an den Gebeten.

Nach Apg 2,1–42

Wie der Heilige Geist wirkt

Die Pfingsterzählung bringt diese Erfahrung in kräftigen Bildern zum Ausdruck. Sie wurde etwa im Jahre 90, also 60 Jahre nach der Kreuzigung Jesu, aufgeschrieben. Durch dieses Ereignis können sich alle „ohne Worte verstehen", einerlei, in welcher Sprache sie sprechen, einerlei, woher sie kommen.

Das Geschehen wird als ein für alle sehr überraschendes Ereignis erzählt, das von Gott kommt; es lässt sich nicht mit dem Verstand, sondern nur mit den Augen des Glaubens begreifen: Die Menschen sind erfüllt vom Geist Gottes – „ganz Feuer und Flamme" und reden voller Begeisterung.

Den Geist Gottes, den die Jüngerinnen und Jünger zuvor bei Jesus erlebt hatten, erlebten sie nun bei sich selber. Aus Ängstlichen wurden Mutige, die Vertrauen haben und die Botschaft von Jesu Tod und Auferstehung offen bezeugen.

Vickie Conde, 2006

Wie es weiterging

Damit begann etwas Neues. Immer mehr Menschen schlossen sich der Jüngerschar um Petrus und die übrigen Apostel an und ließen sich taufen; ihre Zahl wurde immer größer. Es war die Geburtsstunde der Kirche: Aus einem kleinen Samenkorn wuchs ein Baum, der immer größer wurde. Aus dieser Erfahrung des Heiligen Geistes lebt die Kirche bis heute, 2000 Jahre danach.

1. Lies die Pfingstgeschichte und benenne die sprachlichen Bilder, die für den Heiligen Geist verwendet werden. Vergleiche mit Mt 3,16 und Lk 3,21–22.
2. Baut mit eurer Körperhaltung und eurem Gesichtsausdruck ein Standbild von dem Pfingstereignis. Teilt euch in Gruppen auf: vorher – während – nach dem Pfingstereignis.
3. Gestalte ein Bild des Heiligen Geistes. Schaue dir dazu das Bild von Vickie Conde an; du kannst dich daran orientieren.
4. Der Heilige Geist wird bei der Firmung den Firmlingen zugesagt. Wie könnte er heutige Jugendliche „begeistern" und bewegen? Schreibt diese Frage in die Mitte eines Plakates und sucht in einem Schreibgespräch[M] Antworten.
5. Beschreibe das Kapiteleingangsbild. Achte auf den Bildaufbau und die Farben. Man könnte das Bild nennen: Von Pfingsten zur Kirche, oder: Von damals bis heute. Erläutere, warum. Suche noch andere mögliche Bildtitel.
6. Beginne damit, ein Lapbook[M] zu „Pfingsten" zu erarbeiten. Es soll dich/euch über mehrere Unterrichtseinheiten begleiten.

Ein Traum von Gemeinde – die ersten Christen

Die Jesusjüngerinnen und -jünger kamen zusammen, gedachten der Taten und Worte Jesu und hielten gemeinsam Mahl. Dabei erfuhren sie: Der Auferstandene ist bei uns. Sie erinnerten sich an ein Wort, das Jesus gesagt hatte: „*Wo zwei oder drei in meinem Namen versammelt sind, da bin ich mitten unter ihnen*“ (Mt 18,20).

Das Pfingstereignis ermutigte sie, anders zu leben und zu handeln. So entstand die erste Gemeinde, die Urgemeinde.

In der Apostelgeschichte wird im Kapitel 2,34–47 und im Kapitel 4,32–37 von der Urgemeinde erzählt:

Und alle, die glaubten, waren an demselben Ort und hatten alles gemeinsam.
Apg 2,44

Sie lobten Gott und fanden Gunst beim ganzen Volk.
Apg 2,47

Tag für Tag verharrten sie einmütig im Tempel, brachen in ihren Häusern das Brot und hielten miteinander Mahl in Freude und Lauterkeit des Herzens.
Apg 2,46

Es gab auch keinen unter ihnen, der Not litt.
Apg 4,34

Die Menge derer, die gläubig geworden waren, war ein Herz und eine Seele.
Apg 4,32

Sie verkauften Hab und Gut und teilten davon allen zu, jedem so viel, wie er nötig hatte.
Apg 2,45

Keiner nannte etwas von dem, was er hatte, sein Eigentum, sondern sie hatten alles gemeinsam.
Apg 4,32

T: Mt 18,20/M: KOMMUNITÄT GNADENTHAL

Wo zwei oder drei

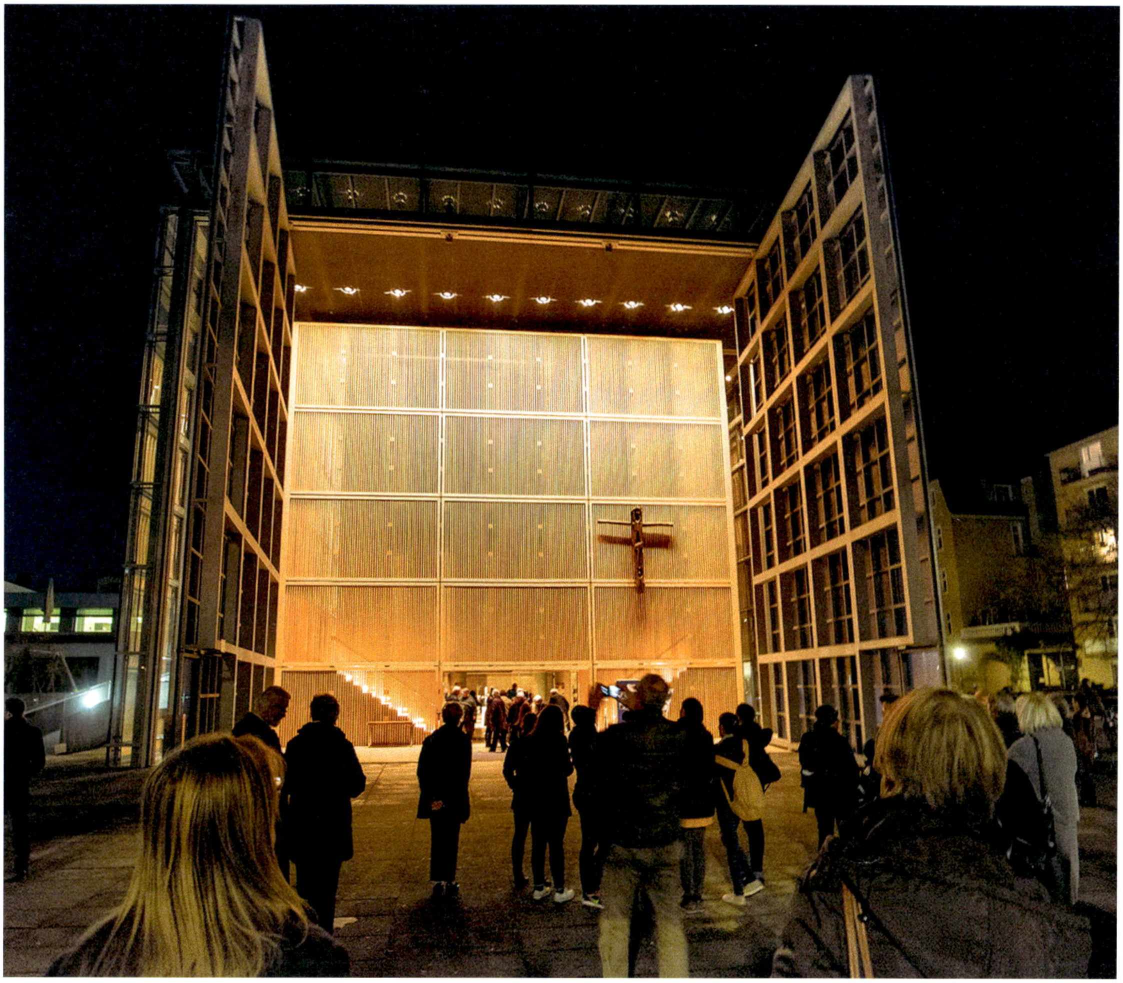

2000 Jahre später: die Kirche Herz-Jesu in München mit offenen Toren

1. Singt das Lied mehrmals und sprecht dazwischen mit verteilten Rollen die Sätze aus der Apostelgeschichte.

2. Wähle einen der Sätze aus, der dich anspricht, und schreibe ihn schön in dein Heft unter der Überschrift: „Die Urgemeinde“.

3. Entscheidet euch zu zweit für einen Satz aus den Erzählungen über die Urgemeinde, den ihr wichtig findet. Sammelt Vorschläge, wie er heute umzusetzen wäre.

4. Erläutere, warum man die Urgemeinde „einen Traum von Gemeinde“ nennen kann.

5. Schaut euch das Foto von der Kirche Herz-Jesu genau an.
   - Sammelt Gedanken und Begriffe, die euch dazu einfallen. Erstellt eine Mindmap.
   - Diskutiert anschließend darüber, warum die Gemeinde in München eine solche Kirche gebaut hat.

Paulus wird berufen

Von Saulus zu Paulus

Die Menschen kannten ihn unter dem hebräischen Namen Saul. Sein römischer Name lautete Paulus. Und sie hatten Angst vor ihm. Denn Saul verfolgte alle, die an Jesus glaubten und sich vom jüdischen Glauben abwandten. Später sagte er von sich:

> Ihr habt doch von meinem früheren Lebenswandel im Judentum gehört und wisst, wie maßlos ich die Kirche Gottes verfolgte und zu vernichten suchte.
>
> *Gal 1,13*

Doch ein Erlebnis als junger Mann veränderte alles. Die Apostelgeschichte erzählt:

> Unterwegs aber, als er sich bereits Damaskus näherte, geschah es, dass ihn plötzlich ein Licht vom Himmel umstrahlte. Er stürzte zu Boden und hörte, wie eine Stimme zu ihm sagte: Saul, Saul, warum verfolgst du mich? Er antwortete: Wer bist du, Herr? Dieser sagte: Ich bin Jesus, den du verfolgst. Steh auf und geh in die Stadt; dort wird dir gesagt werden, was du tun sollst.
>
> *Apg 9,3–6*

Danach soll er blind und hilflos gewesen sein, und seine Begleiter mussten ihn versorgen. Doch Gott, so wird erzählt, habe ihn auserwählt, sein Werkzeug zu sein und die Botschaft von Jesus vor die Völker und Könige zu tragen. Deshalb nennt man ihn bis heute den „Völkerapostel“. Saul wurde vom Christenverfolger zum Christusverkündiger. Später sagten die Christen, er wurde von Saul(us) zu Paulus.

Wie Paulus seine Berufung selbst sieht

In seinem Brief an eine Gemeinde mitten in Kleinasien (die Bewohner dort nannte man *Galater*) berichtet Paulus selbst von seiner Berufung, die sein Leben für immer veränderte:

> Als Gott, der mich schon im Mutterleib auserwählt hatte, mir seinen Sohn zeigte, damit ich ihn den Heiden verkünde, habe ich mit niemandem darüber gesprochen. Ich ging nach Arabien und kam dann wieder nach Damaskus zurück. Drei Jahre später ging ich nach Jerusalem, um Petrus kennenzulernen, und blieb 15 Tage bei ihm.
>
> *Nach Gal 1,15–17*

Viel mehr schreibt er über dieses Ereignis nicht. Gott hat ihm seinen Sohn gezeigt. Solche Erfahrungen sind schwer zu beschreiben. Wir können uns nur herantasten in einem Bild oder einer Geschichte. Allerdings: Diese Erfahrung hat für Paulus alles verändert. Sie war sozusagen „umstürzend“ – dadurch war nichts mehr so wie vorher.

Wir hören auch, dass Paulus über diese Erfahrung lange nachdenken musste. Wahrscheinlich ging er dazu erst einmal fort in die Provinz Arabia, das heutige Gebiet von Jordanien und dem Sinai. Ob er dabei einen Ort der Stille und des Rückzugs gesucht hat?

Danach war er entschlossen und verkündigte mit Eifer die Auferstehung Christi.

Thomas Zacharias, 1964–1966

1. Beschreibt, was ihr auf dem Bild von Thomas Zacharias entdecken könnt.
2. Wenn jemand „vom hohen Ross“ fällt, dann … Deutet das Bild unter Verwendung dieser Redensart.
3. Lies erst die Erzählung über Paulus in Apg 9,1–22, dann, was Paulus selbst über dieses Ereignis geschrieben hat (Gal 1,10–24). Haltet Gemeinsamkeiten und Unterschiede in einer Tabelle fest.
4. „Diese Erfahrung hat mein Leben völlig auf den Kopf gestellt“: Sucht Beispiele, wann Menschen das sagen können. Welche Bedeutung kann der Glaube dabei haben?

Die Jesusgemeinde öffnet sich

Die Apostel Petrus und Paulus, 4. Jahrhundert

Die besondere Stellung des Petrus

In der Urgemeinde in Jerusalem hatte Petrus eine besondere Stellung. Er war einer der Ersten, dem der auferstandene Jesus erschienen ist. Er verkündete in der Stadt auch als Erster: Christus lebt, lasst euch taufen.

Die Jerusalemer Gemeinde bestand aus Juden und sah sich nicht als eigene Religion. Sie gingen in die Synagoge, feierten den Sabbat und die jüdischen Feste. Die Jesusanhängerinnen und -anhänger trafen sich aber auch gesondert, gedachten der Worte und Taten Jesu und hielten zusammen Mahl.

„Heiden" schließen sich an

Sehr bald entstanden Jesusgemeinden auch außerhalb Jerusalems in Galiläa, in Damaskus und der gesamten Region. Paulus verkündete die Auferstehung Jesu auch Nichtjuden, den sogenannten Heiden. Als die Jerusalemer Urgemeinde um Petrus davon hörte, entstand große Aufregung und es wurde die Forderung erhoben, Heiden müssten zuerst Juden werden und sich beschneiden lassen, um in die Gemeinden aufgenommen zu werden. Paulus war anderer Meinung.

Das Apostelkonzil

In Jerusalem fand deshalb eine Zusammenkunft statt: Das sogenannte „Apostelkonzil" sollte die Streitfrage klären. Paulus und Barnabas waren dazu angereist. Nach langer, heftiger Diskussion akzeptierte man, dass Heiden aufgenommen werden können, auch ohne zuvor zum Judentum überzutreten. Deutlich wurde: „Gott macht keinen Unterschied zwischen Juden und Heiden, denn er hat die Herzen durch den Glauben gereinigt." So einigte man sich deshalb: „Der Heilige Geist und wir haben beschlossen" den Heiden, die sich zu Gott bekehren, „nicht die Last der ▸ Beschneidung aufzuerlegen". Mit einem Handschlag wurde die Einigung beschlossen.

T: Mk 16,15; Apg 1,8/M: EGB-KOMMISSION

Geht in alle Welt, Halleluja

Missionsreisen des Paulus

Wirkungsstätten und Missionsreisen

Damit beschritt die Jesusgemeinde einen neuen Weg, aus dem Judentum heraus, und konnte zu einer eigenen Religion werden. Vor allem Paulus war es, der dem Christentum die Tür zu allen Völkern öffnete.

Paulus gründete Gemeinden in Kleinasien (der heutigen Türkei), Makedonien und Griechenland: Er zog sogar Rom und Spanien in seine Pläne ein. Dabei konzentrierte er sich auf große Städte und Zentren und blieb so lange dort, bis die Gemeinden selbstständig existierten. So baute er ein ganzes Netzwerk von Gemeinden auf. Er blieb in Kontakt mit ihnen über Briefe. Sie wurden immer wieder abgeschrieben und auch in anderen Gemeinden im Gottesdienst vorgelesen. Unermüdlich war er auf Reisen, verkündete die frohe Botschaft und gewann immer neue Anhängerinnen und Anhänger.

1. Lies die Erzählung über das Apostelkonzil in Apg 15,1–35. Schreibe eine kurze Zusammenfassung der Ereignisse.
2. Beschreibe das frühchristliche Relief und deute, wie hier die Beziehung von Petrus und Paulus dargestellt ist.
3. Erkläre, warum das Christentum zu einer eigenen Religion werden konnte.
4. Der Text aus der Liedzeile „Geht in alle Welt“ stammt aus dem Markusevangelium (Mk 16,15). Lies dazu den Abschnitt Mk 16,9–18 und stelle dar, was mit diesem Liedtext gemeint ist.
5. Übertrage die Karte in dein Heft, zeichne die Missionsreisen des Paulus ein und mache dir bewusst, welche Entfernungen er schon vor 2000 Jahren zurückgelegt hat. Was trieb ihn an?

Zuerst verfolgt, dann anerkannt

Das Christentum breitet sich aus

Schnell breitete sich das Christentum im Römischen Reich aus. Weil vor dem Gott der Christen alle Menschen gleich sind und sich die Christen vor allem um die Armen und Schwachen kümmerten, erhielten sie großen Zulauf. Bis zum vierten Jahrhundert verbreitete sich das Christentum im ganzen Mittelmeerraum, westlich des Rheins, südlich der Donau und sogar bis nach England und Irland.

Christen müssen sich verbergen

Da die römischen Kaiser für sich selbst den Titel „Gott" beanspruchten und überall Standbilder aufstellen ließen, die man verehren musste, kam es jedoch immer wieder zu Konflikten. Die Christen weigerten sich, den Standbildern zu opfern. Um nicht angezeigt zu werden, trafen sie sich im Verborgenen und verwendeten geheime Erkennungszeichen, zum Beispiel den ▸ Fisch (griech. ΙΧΘΥΣ, gesprochen: „ichthys"). Nur wer das Zeichen kannte, wusste, dass jemand Christ war. Bei Verrat mussten sie befürchten, angeklagt und getötet zu werden.

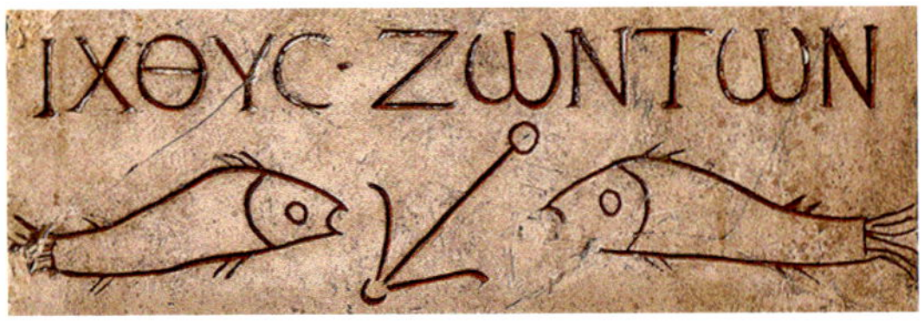

Christussymbol auf einem Grabstein, frühes 3. Jahrhundert

Christen werden geschätzt

Vor allem unter der armen Bevölkerung fand das Christentum großen Anklang. Denn niemand wurde ausgeschlossen. Vor Gott waren alle gleich, ob Sklave oder Kaiser, Mann oder Frau, Jude, Grieche oder Römer. Die Menschen beeindruckte vor allem, wie sich die Christen um die Benachteiligten kümmerten. Ihre Botschaft von der Erlösung jedes Menschen durch Tod und Auferstehung Jesu Christi hatte in der römischen Gesellschaft revolutionäre Sprengkraft.

Christen werden verfolgt

Unter Kaiser Decius (249–251) kam es zu einer heftigen Verfolgung der Christen. Nun mussten alle Bürgerinnen und Bürger den Göttern opfern. Viele Christen weigerten sich, sie wurden gefoltert und grausam hingerichtet, auch der Bischof von Rom. Sie starben als ▸ Märtyrerinnen und Märtyrer. Viele der folgenden Kaiser verhielten sich ähnlich, besonders unter Diokletian (284–305) gab es schwere Christenverfolgungen. Immer wieder erhob sich das Geschrei: „Die Christen vor die Löwen!" Bis zum Jahre 311 wurden Christen grausam verfolgt.

Warum reagierten die Kaiser damals so? Das hängt auch damit zusammen, dass das Römische Reich allmählich schwächer wurde. Über Jahrhunderte hinweg waren die Herrscher an militärische Erfolge und sichere Grenzen gewöhnt. Als sich das änderte, sah man die Ursache darin, dass die Verehrung der Götter vernachlässigt worden war. Nun wurde die Bevölkerung gezwungen, sich den alten Göttern wieder zuzuwenden. So hoffte man, das Kriegsglück zurückzubekommen. Weil sich die Christen weigerten, den Göttern zu opfern, warf man ihnen Untreue gegenüber dem Staat vor und verfolgte sie.

Das Christentum wird anerkannt

Erst mit Kaiser Konstantin dem Großen änderte sich die Situation für die Christen grundlegend. Im Oktober 312 kam es zur entscheidenden Schlacht, in der Konstantin seinen Rivalen um den Kaiserthron besiegte. Es wird erzählt, Konstantin habe unmittelbar vor der Schlacht am Himmel ein Kreuz gesehen und die Zusage erhalten, dass er in diesem Zeichen siegen werde. Da ließ er eine Standarte mit dem Christusmonogramm ☧ anfertigen und zog mit ihr in den Kampf. Das Christusmonogramm besteht aus den beiden übereinander geschriebenen griechischen Buchstaben X und P (gesprochen „Chi" und „Rho"), also den beiden griechischen Anfangsbuchstaben von „Christus".

Konstantin siegte – und erlaubte den Christen daraufhin ausdrücklich, ihre Religion frei auszuüben. Das war im Jahr 313. Nun begann eine neue Zeit. Kaiser Konstantin interessierte sich sehr für das Christentum und förderte es. So führte er zum Beispiel im Jahr 321 den freien Sonntag ein. Wenige Jahrzehnte später, im Jahr 380, erklärte der römische Kaiser Theodosius I. das Christentum sogar zur „Staatsreligion": Von nun an sollten alle Bürgerinnen und Bürger des Römischen Reiches Christen sein.

Lieber Marcus,

leider habe ich von dir schon lange Zeit nichts mehr gehört, aber ich hoffe, es geht dir gut in Arles. Hier in Rom hat sich mit dem neuen Kaiser Konstantin viel verändert. Stell dir vor, Konstantin erlaubt uns jetzt, unseren Glauben offen auszuüben. Nun müssen wir uns nicht mehr verstecken. Endlich ein Kaiser, der uns anerkennt und schätzt. Ich habe sogar eine neue Arbeit bekommen und bin jetzt ein römischer Beamter. Viele Ämter werden jetzt mit Christen besetzt. Auch die Kreuzigungsstrafe hat Konstantin abgeschafft und das Kaiserbild in den Tempeln verboten. Auch neue Gotteshäuser hat er für uns Christen bauen lassen. Das ist auch notwendig, denn die Kirche wächst von Tag zu Tag. Du musst also keine Angst mehr haben, komm doch zurück; hier hast du eine Zukunft.

In der Hoffnung, dich bald wiederzusehen,
dein Decimus

Das sogenannte Christusmonogramm, hier in einem Mosaik aus dem 5. Jahrhundert, wurde zum Zeichen des Christentums als römische Staatsreligion. Es gehört neben dem Kreuz und dem Fisch zu den ältesten Symbolen des Christentums. Das dreifache Christusmonogramm zeigt im Mittelpunkt Jesus Christus in goldenen Buchstaben; von ihm geht alles aus. PX ist auch eine Abkürzung für Friede (lat. PAX): Jesus Christus ist der Friede.

1. Teilt euch in fünf Gruppen auf. Gestaltet in jeder Gruppe zu den Überschriften auf der linken Seite je ein Plakat. Stellt dann in der Klasse eine Bilderreihe zu den fünf Themen zusammen.
2. Lies den Brief an Marcus und schreibe eine Antwort, so als wärst du ein Mensch von damals.
3. Zeichne das Christusmonogramm auf eine ganze Seite deines Heftes.

Ora et labora

Benedikt von Nursia

Mit 17 Jahren machte sich ein junger Mann auf, um in Rom zu studieren. Er hieß Benedikt und kam aus Nursia. Es war das fünfte Jahrhundert und die Zeit, in der das Römische Reich zerfiel. Die Menschen hatten Angst vor der Zukunft. Viele Stadtverwalter hatten sich auf ihre Landgüter zurückgezogen. Das öffentliche Leben löste sich auf. Das oberflächliche Treiben seiner Mitstudenten in Rom stieß Benedikt ab. „Was habe ich hier zu suchen?“, fragte sich Benedikt. Er brach sein Studium ab und wollte einen anderen Weg gehen. Im Studium hatte er von ▸ Einsiedlern gelesen, die ihren Beruf aufgegeben und ihren Besitz verschenkt hatten, um alleine in der Wüste ihr Leben auf Gott auszurichten. Bei Subiaco, in der Nachbarschaft Roms, fand er über einem Bergsee Höhlen aus kalkhaltigen Felsen. Hier zog er ein. Drei Jahre verbrachte er dort in Zurückgezogenheit.

Nachdem ihn Hirten dort entdeckt hatten, kamen immer mehr Menschen zu ihm und baten ihn um Rat. Benedikt war mit der Zeit klar geworden, dass nicht nur Einsamkeit und Stille, sondern auch die Gemeinschaft mit Gleichgesinnten für ein gutes Leben wichtig sind. Eines Tages besuchten ihn Mönche und fragten ihn, ob er Vorsteher ihres Klosters werden könne. Er willigte ein und achtete darauf, dass die Regeln des Klosters streng eingehalten wurden. Einige Mönche wehrten sich dagegen und versuchten sogar, Benedikt zu vergiften. Er überlebte und kehrte in seine alte Höhle zurück.

Doch Benedikts Ruf verbreitete sich, vor allem unter jungen Menschen. Sie kamen zu ihm, lebten mit ihm und er wurde ihr Lehrmeister. Im Jahre 529 gründete er zwischen Neapel und Rom auf einem Berg das Kloster Montecassino.

Claude Lane, 2003

Es ist der Beginn und Ausgangspunkt des von Benedikt gegründeten Benediktinerordens.

Tatsächlich schuf Benedikt in den folgenden Jahren eine neue Welt. Ringsherum ging alles drunter und drüber. Benedikt trat dem Untergang mit einem Lebensmodell entgegen, das es bisher noch nicht gegeben hatte. Es wird sich in den nächsten 500 Jahren an vielen Orten in ganz Europa durchsetzen und in die Umgebung ausstrahlen.

Eine Mauer schloss Montecassino von der Außenwelt ab. Dahinter, in einem weitläufigen Gelände, lebten die Mönche miteinander. Sie verzichteten auf persönlichen Besitz und verstanden sich als Brüder. Was immer sie früher waren, arm oder reich, Adelige oder Leibeigene, – hier spielte es keine Rolle. Benedikt war ihr „Vater“. Ihm waren sie zu strengem Gehorsam verpflichtet.

Die Regel Benedikts

Für das Zusammenleben der Mönche verfasste Benedikt eine Regel. Maßhalten spielte eine besondere Rolle: beim Essen und Trinken, beim Reden und Schweigen, bei der Arbeit und beim Schlaf. Der Tag der Mönche war in Gebet und Arbeit eingeteilt.

Benedikts Grundsatz lautete *ora et labora*, auf Deutsch: „Bete und arbeite". Nichts sollte dem Gottesdienst vorgezogen werden. Siebenmal am Tag und einmal in der Nacht ertönte die Glocke; die Mönche ließen alles liegen und kamen zum gemeinsamen Gebet zusammen.

Vater des europäischen Mönchtums

Inmitten der zerfallenden Welt des römischen Imperiums schuf Benedikt eine wichtige Grundlage für das spätere Europa. Er leitete die Mönche an, Land nutzbar zu machen und zu bewirtschaften. Sie legten Teiche an und widmeten sich der Fischzucht. In Weinbaugebieten pflanzten sie Reben und kelterten die Trauben. Sie bauten in Obst-, Gemüse- und Kräutergärten an, was sie zum Essen benötigten. Das Kloster war eine eigenständige Welt und versorgte sich in allem, was zum Leben gebraucht wurde, selber. Im Sommer arbeiteten die Mönche acht Stunden am Tag, im Winter fünf Stunden. Dabei sollten sie sich auch besonders um die Alten, die Kinder und die Gäste kümmern. „Gäste nehme man im Kloster auf wie Christus selber", hieß es in der Regel Benedikts.

Bücher und Wissen wurden im Kloster sehr geschätzt. Alle Mönche sollten lesen und schreiben lernen. Deshalb gehörte zu jeder ▸ Abtei eine Bibliothek, die mit ihren umfangreichen Beständen zum Ausdruck bringt, dass der Orden Bildung und Wissenschaft sehr befördert hat. Darüber hinaus gründeten die Mönche die ersten Schulen. Sie waren Baumeister und schufen große Kirchen und Klosteranlagen.

Benedikt starb um das Jahr 550. Er ist der Vater des Mönchtums in Europa. Nach seinem Vorbild fanden sich überall Mönche und Nonnen zu Klöstern und Gemeinschaften zusammen. Als Missionare zogen sie nach England, Frankreich und Deutschland, verkündeten die Botschaft Jesu und gründeten Klöster.

Nach der Ordensregel von Benedikt leben noch heute etwa 1500 Mönche und Nonnen in Deutschland, Österreich und der Schweiz in 100 Abteien und Klöstern. Neben den vielen Tätigkeiten und Aufgaben im Kloster arbeiten sie auch als Seelsorger, Lehrer, Erzieher und Handwerker. Ihr Ziel ist es, in all ihrem Tun Gott zu loben.

1. Erzähle den Weg nach, den Benedikt von Nursia vom Studenten zum Ordensgründer gegangen ist.
2. Beschreibe das Bild, gemalt von dem Benediktinermönch Claude Lane. Was drückt es für dich aus?
3. Gestalte den lateinischen Leitspruch Benedikts in kunstvoller Schönschrift als Kalligrafie und schreibe darunter, was damit gemeint ist.
4. Erläutere die Aussage: Benedikt ist der Vater des Mönchtums in Europa.
5. Erkundigt euch im Internet über Benediktinerabteien in Bayern. Vielleicht könnt ihr eine Abtei in eurer Umgebung besuchen.

Das Christentum kommt nach Bayern

Anfänge in der Römerzeit

Die Christianisierung des heutigen Bayern geschah in verschiedenen Wellen. Sie hängt mit der Ausdehnung des Römischen Reiches zusammen, das in Bayern ungefähr von den Alpen bis zur Donau reichte. Dadurch konnten vom Mittelmeerraum her die ersten christlichen Gemeinden entstehen. Mit dem Zerfall des Römischen Reiches um 480 n. Chr. verwischen sich jedoch ihre Spuren.

Irische Mönche machen Bayern christlich

Ab dem 7. Jahrhundert begeben sich einzelne Missionare von Irland auf eine weite Reise. Sie gehen als Wandermönche von den Inseln auf den Kontinent und kommen auch nach Bayern. Dort treffen sie auf Bewohner, die man heute Germanen nennt. Sie haben eine Religion, in der die Verehrung der Toten eine große Rolle spielt. Ebenso kennen sie Opferungen und beten verschiedene Götter an, zum Beispiel Donar oder Freya. Diese Wurzeln sind auch heute noch vorhanden, man erkennt sie an den Namen einzelner Wochentage in unserem Kalender.

Kilian in Würzburg

Um das Jahr 686 kommt der irische Wanderbischof Kilian mit seinen Gefährten nach Wirziburc, wie man damals Würzburg nennt. Der christliche Glaube ist damals in Franken noch nicht weit verbreitet. Der Herzog von Würzburg ist zwar christlich getauft, aber das Christentum spielt für ihn keine große Rolle. Kilian zögert nicht, ihn zu ermahnen und deutlich darauf hinzuweisen, dass zum Christentum auch das Einhalten bestimmter Werte und Regeln gehört. Dass er es mit einem mächtigen Mann zu tun hat, schreckt ihn nicht. Kilian kann nicht schweigen zu dem, was er sieht, und redet dem Herzog ins Gewissen. Doch davon will der Herzog wenig wissen. Kilian und seine Gefährten Kolonat und Totnan bezahlen ihren Mut mit dem Leben. Bei Nacht und Nebel werden sie ermordet und in einem Pferdestall verscharrt. Aber die Tat kommt ans Licht. Kilian wird nicht vergessen und sein Tod als ▸ Märtyrer für den Glauben bewegt die Menschen. Burkard, der erste Bischof von Würzburg, erklärt Kilian knapp hundert Jahre später zum Patron des Bistums Würzburg.

Die Ermordung des heiligen Kilian, 1419

Bonifatius, der „Apostel der Deutschen"

Durch den Angelsachsen Bonifatius, der aus dem Südwesten des heutigen England stammt, wird das Christentum in Bayern weiter gefestigt. Unter dem Namen Wynfreth wächst er in einem Benediktinerkloster heran, in das ihn seine Eltern geben. Dort lernt er lesen, schreiben, rechnen und neue Sprachen. Später wird er selbst Mönch und dann auch der Leiter des Klosters. Doch er will nicht in England bleiben, sondern anderen Menschen den christlichen Glauben bringen.

Vom Papst in Rom erhält Wynfreth um 716 den Auftrag, in Germanien zu missionieren. Dazu bekommt er den neuen Namen Bonifatius und steht fortan unter dem besonderen Schutz Roms.

Die damaligen Herrscher unterstützen, dass Bonifatius die Germanen zum Christentum bekehren will. Zusammen mit Kriegern und Handwerkern macht sich Bonifatius auf und gründet auch in Bayern Niederlassungen und Klöster.

Bonifatius wird schließlich Bischof von Mainz und gründet im Auftrag des Papstes in Bayern die Bistümer Eichstätt, Freising, Passau, Regensburg und Würzburg. Als er noch im Alter von 80 Jahren in Friesland missioniert, wird sein Lager überfallen. Die Eindringlinge töten ihn und seine 52 Begleiter.

Ein Segen für die Menschen: die Klöster

Viele herzogliche Familien und Bischöfe sorgen nun dafür, dass in Bayern neue Klöster entstehen. Durch die Arbeit der Mönche werden Wälder gerodet und Felder angelegt. Sie kennen sich aus mit Ackerbau und Viehzucht. So gelingt es ihnen, in der Landwirtschaft bessere Erträge zu erreichen. Für die einfachen Leute ist das Kloster ein Segen. Das Leben ist damals für sie sehr unsicher, sie müssen lange und hart arbeiten, um überleben zu können. Ein Kloster ist da ein Ort der Sicherheit und der Zuflucht. Dort gibt es ein geordnetes Leben, Hilfe in der Not und bei Krankheiten Kenntnisse in der Medizin. In der Regel Benedikts heißt es, dass sich die Klöster vor allem um Arme und Bedürftige kümmern sollen. An diese Regel halten sich die Männer- und Frauenklöster. Viele Mönche und Nonnen bewirken durch ihren einfachen Lebensstil, ihre Arbeit und ihren Glauben, dass das Christentum in Bayern verwurzelt wird.

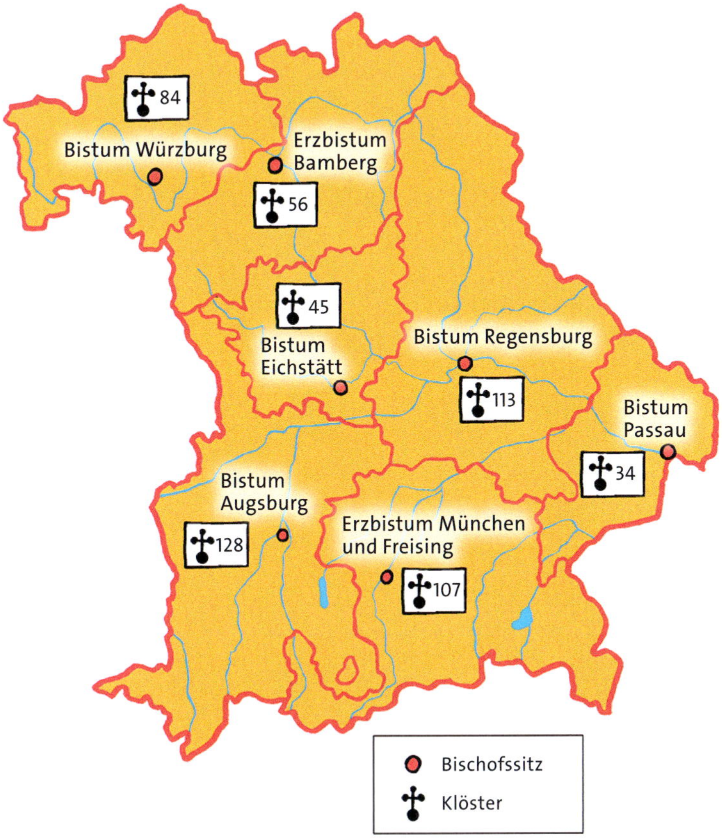

Anzahl der Klöster in den Bistümern Bayerns, die das Projekt „Klöster in Bayern“ vom Haus der Bayerischen Geschichte bis September 2017 recherchiert hat.

1. Gestalte einen Zeitstrahl zu den verschiedenen Wellen der Christianisierung in Bayern.
2. Betrachtet das Bild links. Es zeigt, wie der Herzog Kilian ermorden lässt. Sammelt Aussagen, was man aus christlicher Sicht dem Herzog entgegenrufen muss.
3. Erkundigt euch im Internet, wann und von wem euer Bistum gegründet wurde, und präsentiert die Ergebnisse in der Klasse.
4. Sucht mithilfe der Homepage vom Haus der Bayerischen Geschichte die Klöster in den Bistümern, die über 1000 Jahre alt sind. Haltet Kurzreferate dazu. Sucht auch ein Kloster in eurer Nähe. Stellt es vor.

Legenden

Bei der Beschäftigung mit Bistumspatronen und Heiligen stoßen wir immer wieder auf Legenden, zum Beispiel vom heiligen Korbinian.

Legende und Nachricht

Eine Legende ist keine Nachricht, wie wir sie in der Tagesschau hören, sondern sie erzählt eine Geschichte. Die Nachricht ist kurz und gibt Informationen zu Ort und Zeit. Ganz anders die Legende: Die Geschichte, die sie erzählt, fügt etwas hinzu und schmückt das Geschehen aus, um besondere Menschen anschaulich und lebendig werden zu lassen. Wir könnten sogar sagen, eine Legende „erfindet" etwas, um die innere Wahrheit über einen Menschen zu verdeutlichen: Wer ist dieser Korbinian, worin bestehen seine Lebensaufgabe und sein besonderer Charakter?

Eine Zeitung liest man einmal und man hat die Nachricht gehört. Eine Legende kann man immer wieder lesen und hören. Legende heißt übersetzt „das immer wieder zu Lesende". So hilft die Legende, sich in einen besonderen Menschen hineinzuversetzen, damit er Vorbild eines guten Lebens sein kann: Werde wie Korbinian, handle furchtlos wie er, damit die Welt besser wird. Legenden lassen sich sogar nachspielen, wie dies alljährlich im November mit der Martinslegende in den Martinsfeiern geschieht.

Heiligenlegenden erzählen: Habe keine Angst, Gott ist treu

Die Legenden von Heiligen erzählen vor allem, dass Gott treu zu den Menschen steht und sie am Ende trotz vieler Gefahren auf wundersame Weise beschützt und gerettet werden. Oft wird dabei von Ereignissen erzählt, in denen in überraschender und „übernatürlicher Weise" der Himmel selbst in das Geschehen eingreift. Die Hörer sollen ermutigt werden, auf den Beistand Gottes zu vertrauen und ihre Angst zu überwinden. Legenden bekennen: Gott ist am Ende der Sieger, er hilft, Böses in Gutes zu verwandeln, bei ihm kann ein „gefährliches Tier" zu einem Helfer für das Gute werden.

Jugendliche sitzen anlässlich der Korbiniansjugendwallfahrt 2017 im Freisinger Dom um den Schrein mit den Gebeinen des heiligen Korbinian.

Informationen über Korbinian

Korbinian wurde um das Jahr 680 bei Paris geboren. Er entschied sich in jungen Jahren zu einem Leben als ▸ Einsiedler und baute seine Klause (Hütte) neben der Kapelle seines Geburtsortes. Um das Jahr 710 brach er zu einer Pilgerreise nach Rom auf. Der Papst bewegte ihn, sein Einsiedlerleben aufzugeben und als Missionar nach Gallien zu gehen. Auf Wunsch von Herzog Grimoald von Bayern ließ er sich um das Jahr 720 in Freising nieder. Durch sein Wirken wurde Freising zu einem christlichen Zentrum im deutschen Süden. Er starb um das Jahr 725. Seine Gebeine sind im Korbiniansschrein im Freisinger Dom aufbewahrt. Korbinian ist der Schutzpatron der Erzdiözese München und Freising und Stadtpatron von Freising.

Die Legende vom heiligen Korbinian

Noch ehe Korbinian zur Welt kam, war sein Vater verstorben und er wuchs alleine bei seiner Mutter auf. Korbinian aber hatte ein weiches Herz. Obwohl er unter seinen Spielkameraden sehr anerkannt war, war er auch gerne alleine, liebte die Einsamkeit und dachte nach.

Nachdem auch die Mutter gestorben war, verkaufte er alles Hab und Gut, schenkte das Geld den Armen und baute eine Hütte, um als Einsiedler zu leben. Nach und nach kamen viele Menschen herbei, suchten bei ihm Trost und Rat und wollten leben wie er. Er gestattete ihnen, bei ihm zu wohnen, und so entstand um seine Hütte ein Kloster. Korbinian übergab das Kloster vertrauten Mitbrüdern und zog nun über das raue Gebirge der Alpen nach Rom. Er wollte sich bei der Kirche des heiligen Petrus eine einsame Zelle suchen, um Gott in Stille und Einsamkeit anzubeten. Der Papst sagte zu ihm: „Nein, mein Sohn, das soll nicht geschehen. Du sollst den Menschen dienen und ihnen den Glauben verkünden. Ich werde dich zum Priester und zum Bischof weihen. Du sollst dorthin gehen, wo die Menschen Jesus noch nicht kennen." Korbinian erschrak, stimmte aber zu und kehrte als Bischof in sein Kloster zurück. Wieder strömten von allen Seiten Bedrängte und Leidende herbei und fanden bei ihm Hilfe.

Korbinian reiste mit Gefährten ein zweites Mal nach Rom. Wieder wollte er vom Papst erbitten, dass er ihm das bischöfliche Amt abnehme und ihm gestatte, an einem einsamen Ort Gott zu verehren. Als er tief in der Nacht auf dem hohen Berg Brenner ankam, machte er mit seinen Gefährten Rast. Da nun die Hüter der Pferde eingeschlafen waren, fiel ein Bär in das Lager ein und riss das Packpferd des Bischofs. Die Hüter erwachten und fanden den Bären, wie er an dem toten Tier fraß. Sie weckten Korbinian. Dieser trat zum Bär heran und rief: „Im Namen Gottes, hör auf! Nun sollst du anstelle des Packpferds meine Last nach Rom tragen." Und wirklich, der Bär legte auf der Stelle seine Wildheit ab, ließ sich die Last auflegen und trug sie geduldig und treu dem Ziel entgegen. Korbinian kam glücklich in Rom an, ließ den Bären frei und trug dem Papst seine Bitte vor. Der Papst ging abermals nicht auf seinen Wunsch ein, sondern wies ihn an, zum Stamme der Bayern zu gehen, um dort den Glauben an Jesus Christus zu verkünden. Korbinian folgte dem Wunsche des Papstes und reiste wieder über die Alpen. Schließlich wurde er Bischof von Freising.

1. Erläutere den Unterschied zwischen Legende und Nachricht.
2. Vergleiche die „Informationen über Korbinian" im Text links mit der „Legende vom heiligen Korbinian" und beschreibe, wie die Legende das Leben des Korbinian ausschmückt. Was kommt damit zum Ausdruck?
3. Stell dir vor, dass du für die Recherche zu einem Vortrag über den heiligen Korbinian auch Teilnehmerinnen und Teilnehmer der Korbiniansjugendwallfahrt von 2017 interviewt hast. Schreibe zuerst deine Fragen an sie auf. Verfasse dann mögliche Antworten.
4. Legenden werden auch in der Gegenwart immer wieder erzählt. Tragt in der Gruppe zusammen, welche heutigen Filme und Bücher im hier beschriebenen Sinne Legenden sind, und tauscht euch darüber aus, was daran fasziniert.

Etwas ist geschehen

T: ARNIM JUHRE/M: KARL-WOLFGANG WIESENTHAL

Zu Ostern in Jerusalem

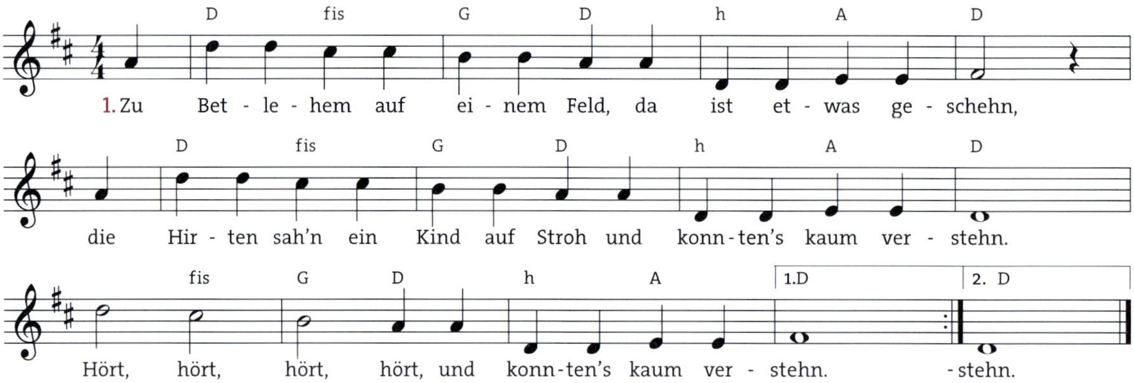

2. Zu Ostern in Jerusalem, da ist etwas geschehn, das ist noch heute wunderbar, nicht jeder kann's verstehn.
   Hört, hört, hört, hört, nicht jeder kann's verstehn.

3. Zu Pfingsten in Jerusalem, da ist etwas geschehn, die Jünger reden ohne Angst, und jeder kann's verstehn.
   Hört, hört, hört, hört, und jeder kann's verstehn.

4. Zu jeder Zeit, in jedem Land kann plötzlich was geschehn, die Menschen hören, was Gott will, und können sich verstehn.
   Hört, hört, hört, hört, und können sich verstehn.

5. Wo Menschen lieben und verzeihen, da ist etwas geschehn. Sie sind einander Brot und Wein, wir sollen es verstehn.
   Hört, hört, hört, hört, wir sollen es verstehn.

1 Teilt die Klasse in zwei Gruppen auf. Die eine Gruppe singt oder spricht das Lied, die andere Gruppe betrachtet dabei das Kapiteleingangsbild (S. 67). Tauscht euch darüber aus, ob sich dabei neue Möglichkeiten des Verstehens für das Bild und für die Bedeutung von Pfingsten ergeben.

2 „Nicht jeder kann es verstehen, was in Betlehem, an Ostern und an Pfingsten geschehen ist." Nimm zu dieser Aussage Stellung und diskutiert in der Klasse mit der Methode „Heißer Stuhl"M.

3 Erläutere, welche Rolle das Pfingstfest für die Entstehung der Kirche hatte.
- „Gottes Geist bewegt die Kirche": Erkläre dies anhand des zurückliegenden Kapitels.
- Sammle Beispiele, in denen heute Menschen vom Geist Gottes „begeistert" und bewegt sind, ergänze und präsentiere dein LapbookM zu „Pfingsten".

5 JUDENTUM –
GOTT LIEBEN MIT GANZEM HERZEN

Spuren entdecken

Jesus war Jude und das Christentum ist aus dem Judentum entstanden. Deshalb lesen die Christen auch die Heilige Schrift der Juden und nennen sie das „Alte Testament“. Durch alle Jahrhunderte hindurch sind beide Religionen eng verbunden. Dabei hat das Judentum das Leben und Denken in Europa stark geprägt.

Christen und Juden lebten manchmal friedlich zusammen; oft aber wurden die Juden verfolgt und vertrieben. Am schlimmsten war dies in der Zeit des Nationalsozialismus. Damals wurden etwa sechs Millionen Männer, Frauen und Kinder ermordet, mitten im christlichen Europa.

An vielen Orten zeigen sich deshalb oft nur noch Spuren jüdischen Lebens. Doch die Alltagssprache ist noch voll von Worten, die aus dem ▸ Jiddischen stammen.

1. Sucht die Wörter aus der Word-Cloud, die ihr versteht, und schreibt ihre Bedeutung in euer Heft. Tauscht euch zu zweit über eure Lösungen aus.
2. Bildet Kleingruppen und betrachtet die Bilder auf der rechten Seite.
   - Erläutert, was ihr zu den einzelnen Bildern wisst.
   - Tragt zusammen, ob und welche Spuren jüdischen Lebens es in eurer Umgebung gibt.
3. Recherchiert im Internet unter dem Stichwort „berühmte Juden“ und erstellt Kurzporträts dazu.

Walldorf, Rhein-Neckar-Kreis

Physiker Albert Einstein

Ohel Jakob Synagoge, München

„Stolpersteine“, Erlangen

Siegel

Friedhof, Floß/Oberpfalz

Rabbinerin Natalie Verzhabovska

„Höre, Israel“: Wie Juden glauben

Höre Jisrael! Der Ewige, unser Gott, ist ein einiges, ewiges Wesen.

Du sollst den Ewigen, deinen Gott, lieben von ganzem Herzen, ganzer Seele und ganzem Vermögen.

Die Worte, die ich dir jetzt befehle, sollen dir stets im Herzen bleiben.

Du sollst sie deinen Kindern einschärfen und immer davon reden, wenn du zu Hause sitzt oder auf Reisen bist, wenn du dich niederlegst und wenn du aufstehst.

Binde sie zum Zeichen an deine Hand.

Trage sie als Stirnbinde zwischen deinen Augen und schreibe sie auf die Pfosten deines Hauses und an deine Tore.

Dtn 6,4–9
in der Übersetzung von Moses Mendelssohn

„Höre, Israel“ – das sind die ersten Worte des bekanntesten und wichtigsten Gebetes der Juden, das seit Jahrtausenden von Generation zu Generation weitergegeben wird. Die Juden beten es in hebräischer Sprache und sagen dann „Sch’ma Jisrael!“. Jedes Kind lernt dieses Gebet auswendig. Von den Gläubigen wird es am Morgen und am Abend gebetet; im Gottesdienst kommt es an mehreren Stellen vor.

Das *Sch’ma Jisrael* ist ein Glaubensbekenntnis. Es bringt zum Ausdruck, dass es nur einen Gott gibt, der über allem steht. ER ist ewig (vgl. Ex 3,14). ER ist für sein Volk da. ER hat die Israeliten aus der Sklaverei in Ägypten befreit. Alle Dinge kommen von ihm, deshalb darf nur ER angebetet werden. Dies soll von ganzem Herzen und mit ganzer Kraft geschehen.

Manche Juden machen dies deutlich, indem sie beim Morgengebet die ▸ Tefillin, Gebetsriemen mit schwarzen Lederkapseln, anlegen. Das *Sch’ma Jisrael*, welches darin aufbewahrt ist, wird damit an der Stirn und am linken Arm festgebunden. Auch in der ▸ Mesusa, die an den rechten Türpfosten aller Eingänge jüdischer Häuser und Wohnungen hängt, ist das Gebet enthalten.

Das *Sch’ma Jisrael* soll laut gebetet werden, damit man es deutlich wie eine Zeugenaussage hört. Viele Juden bedecken dabei ihre Augen mit der rechten Hand und legen den ▸ Tallit, einen Gebetsschal, um. So können sie sich ganz darauf konzentrieren.

Das *Sch’ma Jisrael* gehört zur Tora (S. 92), in der sich viele Weisungen für ein gutes Leben finden. So ist das Glaubensbekenntnis der Juden direkt mit dem Alltag verbunden.

Enkel und Großvater mit Gebetsschal (▸ Tallit) und Kopfbedeckung (▸ Kippa) beim Gottesdienst, Regensburg

1. Lies das *Sch'ma Jisrael* still für dich. Achte darauf, wie die Worte auf dich wirken. Tauscht euch zu zweit darüber aus.
2. Beschreibe mit Adjektiven die Stimmung zwischen dem Kind und seinem Großvater. Lasst euch dann von einigen aus eurer Klasse dazu das *Sch'ma Jisrael* vorsprechen.
3. Gestalte ein Bild zu den ersten drei Sätzen des *Sch'ma Jisrael*. Dabei sollen auch ein Herz und ein Ohr vorkommen.
4. Tauscht euch mit der Think-pair-share-Methode darüber aus, welche Bedeutung es hat, wenn gläubige Juden das *Sch'ma Jisrael* zweimal am Tag beten, es am Arm gegenüber dem Herzen und auf der Stirn tragen und an den Türpfosten anbringen.
5. Auch Christen können das *Sch'ma Jisrael* beten. Begründet, warum.

Wie man als Jude leben soll: Die Tora

„Tora“ heißt übersetzt „Weisung“, „Lehre“. Sie hat eine besondere Bedeutung für das Volk Israel: Die Juden glauben, dass Gott ihnen die Tora durch Mose gab, nachdem er sie aus der Sklaverei in Ägypten herausgeführt hatte. Sie enthält eine Botschaft der Zuwendung und Liebe Gottes. Gläubige Juden verehren die Tora als kostbares Geschenk Gottes an sein Volk, das sie am ▸ Fest der Torafreude eigens feiern. Dabei unterscheiden sie die schriftliche von der mündlichen Tora.

Die „schriftliche Lehre“

Die schriftliche Tora besteht aus den ersten fünf Büchern Mose. Sie wird in den Gottesdiensten vieler Gemeinden über das Jahr hinweg einmal von vorn bis hinten gelesen, andere Gemeinden lesen sie in einem Zeitraum von drei Jahren. So soll deutlich werden: Die Weisungen der Tora sollen immer gelten und das Leben prägen.

> Du sollst dich nicht rächen, auch nicht Zorn halten gegen die Kinder deines Volkes. Liebe deinen Nächsten so, wie du dich selbst liebst. Ich, der Ewige.
>
> *Lev 19,18*

Für den Gottesdienst in der Synagoge werden mit der Hand geschriebene Schriftrollen verwendet. Die Texte sind auf Pergamentbögen geschrieben, zu Schriftrollen zusammengefügt und dann auf zwei Stäbe aufgerollt.

Die Torarolle ist in einen reich verzierten Mantel gehüllt und oft mit einer Krone geschmückt. Sie wird im Toraschrein (vgl. S. 98) der Synagoge aufbewahrt. Im Gottesdienst wird sie feierlich aus dem Schrein gehoben. Nie wird sie mit Händen oder Fingern berührt. Der Toraleser verwendet einen Torazeiger aus Silber, den Jad, an dessen Spitze eine kleine Hand mit Zeigefinger angebracht ist, mit dem er den Schriftzeilen folgt.

Die „mündliche Lehre“

Die mündliche Tora beschäftigt sich damit, wie die Weisungen in den Büchern Mose gedeutet werden können. Über viele Jahrhunderte haben die Gelehrten darüber nachgedacht, wie man die Tora auslegen muss und verstehen kann. Diese Auslegungen wurden lange Zeit mündlich weitergegeben. Das änderte sich, als 70 n. Chr. die Römer den Tempel in Jerusalem zerstörten. Die Juden wurden nun in alle Welt zerstreut. Weil die Sorge bestand, dass die mündliche Tora verloren gehen könnte, begann man sie aufzuschreiben. Im ▸ Talmud kann man sie nachlesen.

> Wer seine Mitmenschen freundlich empfängt, hat gleichsam Gott empfangen.
>
> *Jerusalemer Talmud V,1*

Um die Tora richtig zu verstehen, lesen Juden also stets die schriftliche Tora und denken dann darüber nach, wie die Gelehrten sie in der mündlichen Tora gedeutet haben. So soll sie den Lebensweg in Gerechtigkeit und Freiheit weisen – auch heute.

Für Juden ist die Tora so wichtig wie für Christen Jesus Christus oder für Muslime der Koran.

Marc Chagall, 1930

1. Fasst zu zweit die Bedeutung der Tora in einem kurzen Text zusammen.

2. Beschreibe das Gemälde, das einen ▸ Rabbiner mit ▸ Tefillin, ▸ Tallit, ▸ Kippa und Tora darstellt. Wie bringt der Künstler die Bedeutung der schriftlichen Tora für die Juden zum Ausdruck?

3. Lies die Zitate Lev 19,18 und Jerusalemer Talmud V,1. Bildet in Partnerarbeit abwechselnd Sätze mit dem Anfang: Wer danach lebt, der ...

4. In Psalm 1 wird ein Mensch gepriesen, welcher der „Weisung Gottes“ folgt. Lest Psalm 1 in der Bibel. Schreibt Ps 1,1–3 auf einen großen Papierbogen und unterstreicht mit roter Farbe, was daran für euch besonders wichtig ist. Sammelt dazu in Gruppen Sätze aus der Bibel, die heute Wegweiser sein können.

Sabbat: Mittelpunkt jüdischen Lebens

Der Sabbat hat immer dann überaus einschneidend in mein eigenes Leben eingegriffen, wenn Proben meiner Stücke stattfanden. Die hochgradige Spannung, unter der diese Proben auf dem Broadway stehen, ist schon sprichwörtlich. Oft droht die Aufführung am Freitagnachmittag zusammenzubrechen. Ich fühlte mich manchmal wie ein Verräter, wenn ich den Sabbat in einer solchen kritischen Situation beging.

Der Wechsel ist verwirrend, fast so, als käme man von der Front auf kurzen Heimaturlaub. Meine Frau und meine beiden Söhne empfangen mich, alle schon festlich gekleidet und froh gestimmt. Wir setzen uns zu einem festlichen Mahl an den mit Blumen und alten Sabbatsymbolen geschmückten Tisch: die brennenden Kerzen, die geflochtenen Weißbrote, der gefüllte Fisch und der Silberpokal meines Großvaters, in dem der Wein funkelt. Ich spreche über meine Söhne den uralten Segen, und wir singen Tischlieder zum Sabbat. Beim gemeinsamen Mahl dreht sich unsere Unterhaltung nicht um den anstrengenden Arbeitstag. Wir holen die Gespräche nach, die wir während der Woche versäumt haben, denn dazu ist am Sabbat die beste Gelegenheit.

Auf ähnliche Weise verbringen wir auch den Samstag. Wir gehen gemeinsam zur Synagoge. Den Jungen gefällt, dass sie nun ihre Eltern ganz für sich haben. Während der Woche mit ihren Schulaufgaben, der häuslichen Arbeit für meine Frau und meiner eigenen Tätigkeit kommt es oft genug vor, dass wir wenig voneinander sehen. Am Sabbat aber sind wir immer da, und das wissen sie. Sie wissen auch, dass ich dann nicht arbeite und auch meine Frau Zeit hat. Dieser Tag gehört ihnen.

Dieser Tag gehört auch mir. Das Telefon klingelt nicht. Ich habe Zeit zum Nachdenken, zum Lesen, Lernen, Spazierengehen oder zum Nichtstun. Es ist eine Oase der Ruhe. Erst wenn es dunkel wird, kehre ich zurück an den Broadway, und das nervenzerreißende Spiel beginnt von Neuem. Gerade dann kommen mir oft meine besten Einfälle.

Mein Regisseur sagte eines Samstagabends zu mir: „Ich beneide Sie nicht um Ihre Religion, aber ich beneide Sie um Ihren Sabbat."

HERMAN WOUK

Ein Gebot Gottes erfüllen

Der Sabbat (hebr. *Schabbat*) ist der wöchentliche Ruhetag der Juden und wichtigster Feiertag im Judentum. Er beginnt am Freitagabend bei der Dämmerung, wenn man einen grauen Wollfaden nicht mehr von einem blauen unterscheiden kann, und endet am Samstag, wenn bei klarem Himmel die Sterne wieder zu sehen sind.

Der Samstag ist nach dem jüdischen Kalender der siebte Tag der Woche. Die Bibel erzählt, dass Gott die Welt in sechs Tagen erschaffen und den siebten Tag zum Ruhetag erklärt hat (vgl. Gen 2,1–3). An diesem Tag soll jedes Wesen – Mensch und Tier – nach einer anstrengenden Woche wieder zu sich finden und neue Kraft schöpfen. Die Einhaltung des Sabbats ist eines der Zehn Gebote, ja, es heißt, wer den Sabbat hält, hält alle anderen Weisungen auch ein.

Im Christentum geht die Feier des Sonntags auch auf den jüdischen Sabbat zurück. Dabei wurde der Ruhetag vom Samstag auf den Sonntag, dem ersten Tag der Woche, also dem Tag, an dem Jesus auferstanden ist, verlegt. Die Einführung eines allgemeinen Ruhetages nach jeweils sechs Werktagen in unserer Kultur ist eine Errungenschaft des Judentums.

Sabbat feiern in der Familie und Gemeinde

Am Freitagabend ist der Tisch in den Wohnungen festlich gedeckt. Zwei geflochtene Mohnbrote unter einem Tuch und ein Becher Wein sollen den Segen Gottes symbolisieren. Die Mutter entzündet die Sabbatkerzen, hebt die Hände gegen die Lichter und spricht zur Begrüßung des Sabbats einen Segen. Nun hat der Sabbat begonnen und alle Tätigkeiten ruhen.

Die Familie geht anschließend in die Synagoge, um mit Gebeten, Psalmen und Liedern den Sabbat willkommen zu heißen. Vom Abend-Gottesdienst zurückgekehrt, füllt der Vater den Becher mit Wein und spricht den Kiddusch. Das ist eine Zeremonie, bei der an die Schöpfungsgeschichte und an die Erzählungen vom Auszug aus Ägypten erinnert wird.

Am Samstag findet in der Synagoge der Sabbatgottesdienst statt. Am Samstagabend wird der Sabbat mit einer Zeremonie „abgeschlossen“. Darin wird Gott gepriesen für den Unterschied zwischen Feiertag und Alltag.

Martina Shapiro, 2007

1. Lest euch den Text des amerikanischen Schriftstellers Herman Wouk durch.
   - Schreibt heraus, was den Sabbat als „Oase der Ruhe“ ausmacht.
   - Was meint der Regisseur mit „Ich beneide Sie um Ihren Sabbat“? Diskutiert darüber.
2. Betrachte das Gemälde von Martina Shapiro und deute es vor dem Hintergrund der Informationen zum Ablauf des Sabbats.
3. Vergleiche Sabbat und Sonntag: Erkläre die Gemeinsamkeiten und Unterschiede.

Feste des Erwachsenwerdens

Wenn im Leben eines Menschen ein neuer Abschnitt beginnt, bieten Religionen dafür meist eine besondere Feier an. So wird klar: *Nun beginnt etwas Neues. Für mich als jungen Erwachsenen gelten jetzt andere Regeln, an die ich mich halten muss, damit ich verantwortlich lebe*. Bei der Vorbereitung auf die Feiern durchlaufen die Jugendlichen einen Prozess, in dem sich die Verbindung zu ihrer Religion festigt.

Bat Mizwa-Feier

Bar Mizwa und Bat Mizwa

Wird ein jüdischer Junge 13 Jahre alt, ist die Zeit gekommen, dass er wie ein Erwachsener gilt. Das geschieht durch eine besondere Feier, die die Juden „Bar Mizwa" nennen, das heißt übersetzt: „Sohn des Gebotes". Damit ist gemeint, dass er nun als erwachsenes Mitglied der Gemeinde selber für die Einhaltung der Gebote und die Teilnahme am religiösen Leben verantwortlich ist. Bei der Feier seiner Bar Mizwa tritt der Junge vor die Gemeinde und liest und singt auf Hebräisch aus der Tora. Damit das gut gelingt, bereitet er sich oft schon ein Jahr vorher mit einem ▸ Rabbiner auf diesen Tag vor.
Bei den Mädchen geschieht dies schon früher, sie werden schon mit zwölf Jahren „Töchter des Gebotes" (Bat Mizwa). Im Unterschied zum orthodoxen ▸ Judentum lesen im liberalen Judentum auch die Mädchen aus der Tora vor. Nach dem Gottesdienst wird den Besuchern von den Eltern meist ein kleiner Imbiss gereicht. Am Abend oder am nächsten Tag findet ein großes Familienfest mit vielen Gästen statt.

In der Religion mündig werden

Bar Mizwa und Bat Mizwa sind Feste des Erwachsenwerdens. Von nun an bestimmen die jungen Leute selbst, wie sie es mit der Religion halten. Eine solche Feier ist auch für die anderen wichtig, für Geschwister, Eltern und Freunde, denn sie sehen dadurch: *Jetzt ist er/sie kein Kind mehr*. Ein Bar Mizwa und eine Bat Mizwa sind nun religionsmündig. Das alte Wort „mündig" meint: *Ich nehme mein Leben selbst in die Hand und stehe nicht mehr unter dem Schutz und der Verantwortung eines anderen*. Der Zeitpunkt der Bar Mizwa und Bat Mizwa ist an die körperliche Reife gebunden. Damit kündigt sich an, dass ein Mensch erwachsen wird. Wer ein Kind gebären oder zeugen kann, ist selbst kein Kind mehr. In früheren Zeiten galt man ab diesem Zeitpunkt als Erwachsener.

Bar Mizwa und Bat Mizwa ist auch ein Fest des Übergangs. Das gibt es ebenso bei den Christen: Bei den katholischen Christen ist es die ▸ Firmung und bei den evangelischen Christen die ▸ Konfirmation. Beides findet meist im Jugendalter statt.

Lukas erzählt: Daniel hat seinen großen Tag

Daniel schien sehr aufgeregt. Mein Freund hatte mich zu seinem großen Fest eingeladen. Es war das erste Mal, dass ich, der sonst nur Kirchen von innen kannte, in einer Synagoge saß. Zum Sabbatgottesdienst waren viele Gemeindemitglieder und Daniels Familie und Verwandte gekommen. Er trug eine kleine Kappe auf seinem Hinterkopf und einen weißen Gebetsschal über den Schultern.

Der Rabbiner hatte die Tora aus dem Toraschrein geholt; sie wurde in einer Prozession nach vorne getragen. Die große handgeschriebene Pergamentrolle wurde auf dem Pult aufgerollt. Nacheinander bat der Rabbiner Männer aus der Gemeinde zu sich nach vorne. Als Letzten rief er Daniel auf. Stolz sagte sein Vater zu mir: „Er wird zum ersten Mal in seinem Leben zum Wochenabschnitt aus der Tora aufgerufen. Nachher darf er auch noch aus den Propheten lesen."

Der Rabbiner begrüßte Daniel sehr feierlich. Er deutete auf die Schriftrolle. Daniel umwickelte den Finger mit dem Saum des Gebetsschals und berührte damit zuerst die Stelle in der Tora und dann seinen Mund, bevor er einen hebräischen Segensspruch sagte. Dann begann Daniel mit kräftiger Stimme auf Hebräisch zu singen und führte dabei einen silbernen Stift von rechts nach links die Zeilen entlang. Dann berührte er wieder mit dem Gebetsschal zuerst die Tora und dann seinen Mund. Danach sagte er nochmals einen hebräischen Segensspruch.

Nun las er aus einem Buch, ebenso in hebräischer Sprache. Wie zu Beginn nahm der Rabbiner die Torarolle und zog mit ihr durch den Raum. Die Gläubigen wandten sich der Tora zu; manche berührten sie ehrfurchtsvoll im Vorbeigehen. Der Rabbiner hob die Rolle in den Schrein, sprach ein Gebet und verschloss die Tür.

Danach trat er vor die Gemeinde und hielt die Predigt. Seine Worte galten Daniel: „Heute bist du zum ersten Mal aufgerufen worden, vor der Gemeinde einen Abschnitt aus der Tora vorzulesen. Von jetzt an bist du selbst vor Gott für dein Tun verantwortlich und vollwertiges Mitglied der Gemeinde." Viele aus der Gemeinde nickten ihm lächelnd zu.

Bald danach endete der Gottesdienst mit einem gemeinsamen Lied, zu dem alle klatschten. Kinder warfen Süßigkeiten auf Daniel. Viele beglückwünschten den „Bar Mizwa", den „Sohn des Gebotes", sehr herzlich.

1 Lukas darf seinen Freund Daniel zur Bar Mizwa begleiten. Lies, was er über diesen Tag erzählt.
- Fasse zusammen, was bei Bar Mizwa und Bat Mizwa geschieht.
- Erläutere den Sinn dieser Feier.

2 Vergleicht Bar Mizwa und Bat Mizwa mit der ▸ Firmung und mit der ▸ Konfirmation.

3 „Religion hilft beim Erwachsenwerden": Setzt euch in Gruppen zusammen und diskutiert Pro und Kontra.

Synagoge: Haus des Gebetes und des Lernens

Das Wort Synagoge kommt aus dem Griechischen und heißt „Versammlung“. Die Synagoge ist das Haus, in dem die jüdische Gemeinde zusammenkommt. Sie wird oft als „Haus des Gebetes“ und „Haus des Lernens“ bezeichnet. Dort wird drei Mal am Tag gebetet, dort wird am Sabbat und an den jüdischen Festtagen Gottesdienst gefeiert, dort trifft sich die Gemeinde. In der Synagoge oder in angeschlossenen Räumen, die auch eine Bücherei beherbergen, studieren die Gemeindemitglieder gemeinsam die Bibel. Kinder lernen dort Hebräisch, um die Tora im Gottesdienst vortragen zu können. Deshalb heißt die Synagoge auf ▸ Jiddisch auch „Schul“. Sie ist der wichtigste Treffpunkt des ▸ Judentums durch alle Zeiten.

Synagoge in Straubing

Seit dem 3. Jahrhundert v. Chr. gibt es schon Synagogen. Jesus besuchte als Kind die Synagoge, lernte dort beten und die Tora kennen. Am Sabbat ging er zum Gottesdienst. Die Synagoge hat den Gottesdienst und die Gotteshäuser des später entstandenen Christentums, aber auch des Islams, sehr stark beeinflusst.

Die jüdischen Gotteshäuser wurden im Stil der jeweiligen Zeit errichtet. Neben Synagogen, die viele Hunderte Jahre alt sind, gibt es ganz moderne Bauten. Bei aller Verschiedenheit haben Synagogen gemeinsame Merkmale.

Der Toraschrein

Im Mittelpunkt der Synagoge steht die Tora. An der Ostwand, die nach Jerusalem zeigt, ist der Toraschrein frei stehend oder in einer Nische angebracht. Dort sind die kostbaren handgeschriebenen Torarollen aufbewahrt. Meist führen eine oder mehrere Stufen zum Toraschrein hinauf. Im Schrein sind die Torarollen durch einen Vorhang verhüllt.

Das ewige Licht

Über dem Toraschrein hängt das ewige Licht. Es erinnert an die Feuersäule beim Auszug aus Ägypten, in der nach den Erzählungen der Bibel Gott seinem Volk vorangegangen ist. Das ewige Licht ist im Judentum ein Symbol für die ewige Verbundenheit mit Gott, der in den Höhen und Tiefen des Lebens immer bei seinem Volk ist.

Die Bima

Während des Gottesdienstes wird die Tora aus dem Schrein geholt und auf die Bima, ein großes Lesepult, gelegt. Die Bima ist meist in der Mitte der Synagoge platziert, mit einem Geländer umringt und über Stufen von zwei Seiten aus zu erreichen. Die Bima muss groß genug sein, damit die Torarollen ausgebreitet werden können. Der Vorsteher des Gottesdienstes liest von dort aus der Tora und leitet das Gebet und den Gesang der Gemeinde.

Synagoge Bochum

Die Zehn Gebote

Über dem Toraschrein sind die zwei Gesetzestafeln der Zehn Gebote angebracht. In modernen Synagogen sieht man die Gebote auch oft auf den Glasfenstern hinter dem Toraschrein.

Der Davidstern

Synagogen sind außen und innen mit dem Davidstern (vgl. S. 87) geschmückt. Der Davidstern ist – wie die Menora, der siebenarmige Leuchter – ein Symbol des Judentums: Zwei gleichseitige Dreiecke sind ineinander verwoben. Das eine zeigt mit der Spitze von oben nach unten und steht für Gott, der sich seinem Volk Israel zuwendet. Das andere Dreieck zeigt mit der Spitze von unten nach oben und steht für Israel, das mit seinem Leben Gott antwortet. Beide Dreiecke zusammen ergeben ein Rundes: Gott gehört zu Israel und Israel gehört zu Gott. Die Mittelpunkte beider Dreiecke sind identisch. Innen entsteht ein regelmäßiges Sechseck, an dessen Seiten sich sechs Dreiecke anschließen. Sie stehen für die sechs Schöpfungstage; das große Sechseck in der Mitte weist auf den siebten Tag, den Sabbat, hin. Die zwölf Ecken des Sterns stellen die ▸ Zwölf Stämme Israels dar.

1. Erkundigt euch, wo in eurer Umgebung die nächste Synagoge steht, und informiert euch über das Gemeindeleben. Berichtet in der Klasse.
2. Betrachte das Kapiteleingangsbild von S. 87. Zeichne dann aus dem Gedächtnis einen Davidstern und beschrifte ihn mit Wörtern aus dem Text.
3. Erläutere den Grund, warum die Synagoge den Gottesdienst und das Gotteshaus des Christentums beeinflusst hat.
4. Vergleiche die Synagoge mit einer katholischen Kirche. Worin liegen Gemeinsamkeiten, wo Ähnlichkeiten, wo Unterschiede?

Juden und Christen – eine leidvolle Geschichte

Eine neue Synagoge in Regensburg?

2012 fassen die Bürger der Stadt Regensburg den Entschluss, gemeinsam mit der jüdischen Gemeinde eine neue Synagoge zu bauen. 2019 wird sie fertig – genau 500 Jahre, nachdem Christen die Juden aus der Stadt vertrieben hatten und zum ersten Mal ihre Synagoge zerstörten. Zum zweiten Mal geschah dies in der Pogromnacht vom 9. auf den 10. November 1938 – nur 24 Jahre, nachdem sie eingeweiht worden war. Aber der Reihe nach:

Um 1000

Um das Jahr 1000 lebten Juden aus Italien oder Spanien nun auch in Deutschland. Wie die Christen waren sie Bauern, Handwerker, Weinerzeuger oder Viehzüchter. Weil jedoch Juden den christlichen Treueeid nicht schwören konnten, durften sie bald keine Bauern mehr sein, und sie wurden auch nicht in die ▸ Zünfte aufgenommen. Ihnen blieb nur übrig, vom Handel zu leben. Aber es gab auch berühmte Gelehrtenschulen, zum Beispiel in Worms am Rhein oder in Regensburg. Dort entstanden bekannte Kommentare zum ▸ Talmud.

Ab 1096

Während der ▸ Kreuzzüge (ab 1096) metzelten Christen Juden auf grausamste Weise nieder. Juden galten als „Ungläubige“, denen man vorwarf, dass sie Jesus Christus getötet hätten. In Regensburg trieb man sie einfach in die Donau. So wurden ganze Gemeinden vernichtet. Das Hab und Gut teilten die Mörder unter sich auf.

1179

Im Jahr 1179 bestimmte die Kirche, dass Christen beim Geldverleih keine Zinsen verlangen dürfen. Dieses Verbot galt nicht für Juden. Viele Herrscher errichteten mit ihrer Hilfe teure Bauwerke. Doch für die Juden wurde es immer schwieriger, vor allem dann, wenn die Herrscher ihre Schulden nicht zurückzahlen konnten.

Ab 1215

1215 beschloss eine Kirchenversammlung, dass Juden eine besondere Kleidung zu tragen hatten, um sie von der übrigen Bevölkerung zu unterscheiden. 50 Jahre später durften Juden nur noch in eigenen Vierteln, den „Gettos“, leben. Weil Juden den ▸ Talmud studieren, wurde ihnen vorgeworfen, an eine Irrlehre zu glauben, da sie sich in ihrem Leben nicht mehr nach dem Alten Testament richteten. Immer wieder wurden daher Ausgaben des Talmuds auf einem Scheiterhaufen verbrannt. In vielen Kirchen entstanden Bilder, die Juden abwerten sollten, zum Beispiel in der Gegenüberstellung von Figuren der ▸ Kirche und Synagoge.

Jüdisches Leben in Deutschland heute

Es grenzt an ein Wunder, dass Juden wieder darauf vertrauen, in Deutschland sicher leben zu können. Ungefähr 200 000 sind es nun – immer noch weniger als vor der ▸ Schoah. Viele Bürgerinnen und Bürger stehen ihnen zur Seite. Sie wissen: Es gibt eine Verantwortung, die aus der Geschichte erwachsen ist. Und so wünschen sie der Synagoge in Regensburg *„mazel tov"* – viel Glück!

1347

uropa wütete die Pest. an beschuldigte die Juden, hätten die Brunnen verftet. Ebenso sagte man nen nach, dass sie Kinder rmorden würden, weil sie r Blut für das Pessachfest räuchten. Wegen der alschen Beschuldigung dieser ▸ Ritualmorde wurden die Juden vertrieben und ihre Synagogen angezündet, so 1519 in Regensburg. Viele Juden fanden in Polen eine neue Heimat.

Ab 1812

Erst ab 1812 gab es für die Juden in den deutschen Staaten Verbesserungen: Erstmals wurden sie als Staatsbürger angesehen. Allerdings gab es auch Neid, wenn sie in ihren Berufen erfolgreich waren und zu Wohlstand kamen. Blutige Ausschreitungen folgten, die sich bald nicht allein gegen die jüdische Religion richteten, sondern auch gegen die Juden als Volk: Aus dem Antijudaismus wurde der ▸ Antisemitismus.

1933

Als Hitler und die Nationalsozialisten 1933 an die Macht kamen, erließen sie sofort antisemitische Gesetze. Alle jüdischen Männer, Frauen und Kinder mussten den gelben „Judenstern" an ihren Kleidern tragen; sie wurden so als „Untermenschen" abgestempelt. Für die Probleme der Welt wurde nun die „Rasse" der Juden verantwortlich gemacht.

9. November 1938

In der Nacht vom 9. zum 10. November 1938 zerstörten die Nationalsozialisten 2676 Synagogen und Gemeindehäuser in Deutschland und in Österreich. 400 Juden wurden getötet, 30 000 in Konzentrationslagern inhaftiert. Damit begann die systematische Verfolgung und Vernichtung, die in der sogenannten „Endlösung der Judenfrage" gipfelte. Der ▸ Schoah fielen bis 1945 sechs Millionen jüdische Kinder, Frauen und Männer aus ganz Europa zum Opfer.

1. Erstellt eine Zeitleiste mit wichtigen Ereignissen aus der Geschichte von Juden und Christen.
2. Zeichne eine Bildergeschichte zum Thema „Wie Juden in Regensburg lebten und leben". Hinweise findest du im Text und auf S. 108.
3. Antijüdisches Denken hat in der Vergangenheit zu großem Leid geführt. Welche Folgen hat das – für die Juden, aber auch für die Christen?
4. Informiere dich im Lexikon über ▸ Kirche und Synagoge. Male die Figuren in dein Heft und schreibe in Sprechblasen dazu, was die „Kirche" heute zur „Synagoge" sagen kann.
5. Entwerft in eurer Klasse einen Brief an eine jüdische Gemeinde in der Nähe mit dem Anfang: Wir haben im Religionsunterricht viel über die Geschichte der Juden in Deutschland gelernt und wollen dazu sagen ...

Esther Bejarano: Ein Leben für das Leben

Ein „Krümel“ aus dem Saarland

So wird Esther Loewy (geb. 1924) genannt, weil sie klein ist – bis heute. Nach Ruth, Gerhardt und Tosca ist sie die jüngste von vier Geschwistern. Der Vater arbeitet als Kantor (Sänger) in der Synagoge. Die ganze Familie geht oft und gern zum Gottesdienst, die Kinder singen im Chor, den der Vater leitet. Später sagt sie: *„Ich habe viel Glück in meinem Leben gehabt, ein ganz großes Glück, ein unheimliches Glück.“* Esther lernt auch Klavier spielen. Das rettet ihr das Leben.

Verfolgt – geflüchtet – verschleppt

Als die Schikanen der Nationalsozialisten nach ihrer Machtergreifung 1933 immer schlimmer werden, schicken die Eltern ihre drei ältesten Kinder schweren Herzens ins Ausland. Nur Esther bleibt zurück. Doch nach der Nacht vom 9. zum 10. November 1938, als überall die Synagogen brennen, wollen sie auch Esther außer Landes nach Palästina bringen. Doch es ist zu spät. Die Nazis verbieten den Juden nun, Deutschland zu verlassen. Esther muss für zwei Jahre in ein Zwangsarbeiterlager. Sie wird ihre Eltern nie wiedersehen.

Am 20. April 1943 wird Esther mit vielen anderen in Viehwaggons in das ▸ Vernichtungslager Auschwitz-Birkenau deportiert. Hier müssen alle sofort um ihr Leben fürchten: nur schwerste Arbeit, kaum etwas zu essen, mit Hunderten anderen in einem ehemaligen Pferdestall. Wer krank wird und nicht arbeiten kann, muss damit rechnen, ausgesondert und ermordet zu werden.

Esther Loewy, 14 Jahre alt (1938)

Im Mädchenorchester von Auschwitz

Als sie hört, dass eine Akkordeonspielerin gesucht wird, meldet sie sich sofort – obwohl sie das Instrument noch nie gespielt hat. Doch ihre Klavierkenntnisse helfen ihr, beim Vorspielen die richtigen Töne zu treffen. Nun muss sie immer spielen, wenn die vielen Gefangenen morgens durch das Lagertor zur Zwangsarbeit ziehen – und sich abends, zwölf Stunden später, völlig entkräftet wieder ins Lager schleppen, oft mit Verletzten und Toten. Und sie spielt auch, wenn neue Züge mit erschöpften Menschen aus ganz Europa ankommen. So soll ihnen vorgemacht werden, dass der Ort harmlos ist, obwohl die meisten sofort nach der Ankunft im Gas erstickt werden. *„Das war mit das Schlimmste, was ich erlebt habe“*, sagt sie später im Rückblick.

Diese furchtbare Zeit, in der Esther immer wieder krank wird, dauert ein halbes Jahr, dann wird sie in das Frauenkonzentrationslager nach Ravensbrück geschickt. Das ist kein ▸ Vernichtungslager mehr. Dort muss sie Zwangsarbeit für die Firma Siemens leisten. Im April 1945, als alle auf den ▸ Todesmarsch getrieben werden, gelingt ihr zusammen mit sechs anderen

Mädchen die Flucht und sie kann sich verstecken, bis sie die ersten amerikanischen Panzer sieht. Da weiß sie: Jetzt bin ich frei!

Die Eltern Margarethe und Rudolf wurden 1941 in Kaunas (Litauen) erschossen – sie waren 43 und 47 Jahre alt. Die Schwester Ruth wurde zusammen mit ihrem Mann 1942 an der Schweizer Grenze erschossen, als sie flüchten wollten. Tosca überlebt die ▸ Schoah in Israel, Gerhardt in den USA.

Esther Bejarano, 89 Jahre alt (2013)

Für das Leben – nach der Schoah

Nach der Befreiung wandert Esther nach Israel aus. Dort kann sie eine Ausbildung zur Sängerin und Musiklehrerin machen. In einem Chor lernt sie 1949 ihren Mann kennen, und bald heißt sie Esther Bejarano. Elf Jahre leben sie dort, dann wollen sie weg, zusammen mit ihren Kindern Edna und Joram. Ihr Mann will aufgrund der vielen Kriege nicht mehr in Israel leben. Aber wohin? Weil Esther in Deutschland geboren ist, geht die Familie nach Hamburg.

Eines Tages erlebt sie, wie Neonazis in der Stadt einen Infostand aufmachen. Da weiß sie: „Das reicht jetzt!“ Nun erzählt sie *ihre* Geschichte, geht in die Schulen und singt auf den Bühnen zusammen mit anderen Künstlern vom Widerstand – seit mehr als 30 Jahren: *„In Deutschland hat man immer gesagt, die Juden hätten sich zur Schlachtbank bringen lassen und hätten sich nicht gewehrt. Das ist natürlich ganz großer Blödsinn, denn wenn man sich gewehrt hätte, wäre man noch vorher umgekommen. Trotzdem gab es überall in sämtlichen Gettos Widerstand.“*

Sie demonstriert für Frieden und gegen Ausländerhass, seit ein paar Jahren in einer Rap-Band, zusammen mit einem Christen und einem Muslim. Es geht ihnen um den gegenseitigen Respekt. Das sind ihre Lieder für das Leben!

Die Millionen Menschen, die in den ▸ Vernichtungslagern starben, konnten ihre Geschichte nie erzählen. Überlebende wie Esther Bejarano oder ▸ Hugo Höllenreiner haben von dem Grauen, das sie erlebt haben, oft auch in Schulklassen berichtet.

1. „Was wir über Auschwitz schon wissen“: Tragt gruppenweise und still in einem Schreibgespräch[M] eure Gedanken auf einem großen Papier zusammen.
2. Esther hat in ihrem Leben viele schwere, aber auch gute Erfahrungen machen können. Übersetze ihre Geschichte in ein Bild. Überlege genau, welche Farben du verwenden willst.
3. Informiert euch in Kleingruppen zu den Lexikonstichworten auf dieser Doppelseite. Sucht dann im Internet weitere Informationen und stellt euch gegenseitig mit Bildern und kurzen Texten eure Ergebnisse vor.
4. Esther Bejarano: *„Ihr jungen Leute müsst jetzt unsere Arbeit weitermachen.“* Was bedeutet das für euch? Diskutiert darüber.

Wer steht bei? Wer macht den Mund auf?

1940 wurde für ein Theaterstück in New York ein ▸ jiddisches Lied geschrieben. Viele verstanden, dass es auf die Verfolgung und Vernichtung der Juden im Nationalsozialismus anspielt. Es wurde damals schnell und spöttisch gesungen. Dadurch regte das Lied zum Nachdenken an und forderte zum Widerstand auf.

T: AARON ZEITLIN/M: SHOLOM SECUNDA

Dos Kelbl

Farel = Wagen; fojgl = Vogel; Donaj = von „Adonaj“ (= Herr) – so nennen die Juden „Gott“; Pojer = Bauer; Bidne = armes; schecht = schlachten; arojf = herauf

2. Schrejt dos Kelbl, sogt der Pojer: Wer-ssche hejst dich sajn a Kalb?
Wolst gekent doch sajn a fojgl, wolst gekent doch sajn a Schwalb.

3. Bidne Kelblech tut men bindn, un men schlept sej un men schecht.
Wer's hot fligl, flit arojf tsu, is bei kejnem nischt kejn Knecht.

Das Kälbchen

1. Auf dem Wagen liegt ein Kälbchen, liegt gebunden mit einem Strick,
hoch im Himmel fliegt ein Vogel, fliegt und dreht sich hin und zurück.

2. Schreit das Kälbchen, sagt der Bauer: Wer hat dir gesagt, ein Kalb zu sein?
Hättest doch ein Vogel werden können, hättest eine Schwalbe werden können.

3. Arme Kälbchen darf man binden, und man verschleppt und schlachtet sie.
Wer Flügel hat, fliegt in die Höhe, und ist bei keinem ein Knecht.

Refrain:
Lacht der Wind im Korn, lacht und lacht und lacht. Lacht herab den Tag, den ganzen und die halbe Nacht.
Donaj, donaj, donaj, donaj, donaj, donajdaj.
Donaj, donaj, donaj, donaj, donaj, donajdaj.

Eine Stimme für die Juden

Der Berliner Priester Bernhard Lichtenberg war einer der wenigen, die öffentlich gegen den Terror durch das Nazi-Regime gegenüber den Juden aufgetreten sind. Am Tag nach der Pogromnacht am 9. November 1938, in der die Nazis überall die Synagogen anzündeten, erhebt er seine Stimme: *„Was gestern war, wissen wir, was morgen ist, wissen wir nicht, aber was heute geschehen ist, haben wir erlebt: Draußen brennt der Tempel – das ist ein Gotteshaus."* Von diesem Abend an bis zu seiner Verhaftung betet Lichtenberg täglich im Gottesdienst für die Juden, die Christen jüdischer Abstammung und für andere Opfer des Nazi-Regimes.

Als die Regierung in einem Flugblatt verbot, Juden auf irgendeine Weise zu helfen oder sie auch nur freundlich zu grüßen, bereitet Lichtenberg folgende Meldung für die Kirche vor: *„In Berliner Häusern wird ein Hetzblatt gegen die Juden verbreitet. Darin wird behauptet, dass jeder Deutsche, der aus angeblicher falscher Sentimentalität die Juden irgendwie unterstützt, und sei es auch nur durch ein freundliches Entgegenkommen, Verrat an seinem Volk übt. Lasst euch durch diese unchristliche Gesinnung nicht beirren, sondern handelt nach dem strengen Gebote Jesu Christi: Du sollst deinen Nächsten lieben wie dich selbst."* Diese Meldung konnte Lichtenberg nicht mehr vorlesen, denn er wird vorher verhaftet. Trotz des Drängens der Nazis, seine Aussagen zurückzunehmen, bleibt er dabei: *„Was ich gesagt habe, habe ich gesagt. Dazu stehe ich."*

Bernhard Lichtenberg wird zu zwei Jahren Gefängnis verurteilt. Danach wollte man ihn freilassen, wenn er nicht mehr predige. Lichtenberg lehnt ab. Daraufhin wird er in das ▸ Konzentrationslager Dachau eingewiesen. Auf dem Transport macht der Zug einen Zwischenstopp im oberfränkischen Hof. Die 200 Gefangenen werden mit Lastwagen ins Gefängnis gebracht. Der Gefängnisleiter überweist den schwer kranken Bernhard Lichtenberg ins städtische Krankenhaus, wo er am 5. November 1943 stirbt.

Gedenktafel, Berlin-Karlshorst

1. Singt das ▸ jiddische Lied und achtet dabei zunächst auf die Stimmung. Sucht Adjektive, die sie beschreiben. Vergleicht anschließend das gesungene Lied mit der Übersetzung ins Deutsche.
2. Baut Standbilder zu den drei Strophen des Liedes. Stellt euch dazu Fragen, z. B.: Warum lacht der Wind? Welche Befreiungsversuche kann das Kälbchen unternehmen? Wer kann ihm beistehen?
3. Bernhard Lichtenberg wird in Israel als ein „Gerechter unter den Völkern" geehrt. Nenne Gründe.
4. „Streiter", ▸ „Märtyrer": Wähle eine Aussage der Gedenktafel und verfasse dazu ein Akrostichon. Jeder Buchstabe ist der Anfang eines neuen Wortes.
5. Wie ist es zu erklären, dass so wenige Christen im Nationalsozialismus ihre Stimme öffentlich für all die Menschen erhoben, die verfolgt, gequält und dann vernichtet wurden? Nehmt dazu Stellung.

Michael und die „Jewrovision“

„Ich heiße Michael Ushakov, bin 17 Jahre alt und jüdisch.“ So stellt Michael sich vor, wenn er neue Leute kennenlernt.

Das war nicht immer so. Oft wollen Jugendliche nicht sagen, dass sie jüdisch sind. Aber die ▸ Jewrovision, kurz „Jewro“, hat das verändert.

Im Gespräch mit Michael

Reporterin: Wie bist du auf die Jewro gekommen?

Michael: In unserem Juze (Jugendzentrum) gab es einen Jugendleiter, der hat uns gezeigt, was die Jewro ist. Wir fanden das toll: so richtig auf der Bühne zu stehen und eine coole Show zu präsentieren!

Reporterin: Ist man da nicht total nervös?

Michael: Nein, das ist kein Problem – wir haben uns ja intensiv darauf vorbereitet. Mit den Proben ist es schon vier Monate vorher losgegangen – da stimmt dann auf der Bühne jeder Schritt, auch wenn 1500 Leute vor einem sitzen. Und wenn man als Gruppe den ersten Platz macht, hat es sich ja gelohnt, dass wir uns reingehängt haben!

Reporterin: Geht es denn nur ums Gewinnen?

Michael: Nein, natürlich nicht. Vor allem finde ich es prima, dass wir viel mit anderen Jugendlichen aus der Gemeinde zusammen sind. Gerade, wenn wir uns auf die Jewro vorbereiten, ist das so. Das Juze ist für uns ein wichtiger Ort. Wir treffen uns nach dem Schabbat, am Sonntag, und überlegen zusammen, wie wir unseren Auftritt gestalten können.

Reporterin: Wie findet ihr denn ein Thema?

Michael Ushakov

Michael: Da hilft uns unser Jugendleiter. Er hat uns auf unseren Auftritt vorbereitet. Es muss ja immer ein Thema sein, in dem es um unser Jüdischsein geht.

Reporterin: Ist das nicht furchtbar langweilig, vier Monate lang immer über Religion zu reden?

Michael: Darum geht es eigentlich nicht, jedenfalls nicht immer. Natürlich lernen wir viel über unsere jüdische Religion und die Traditionen, die damit zusammenhängen. Mir ist das sehr wichtig, und ich denke, für die anderen Jugendlichen ist das auch so. So wissen wir besser, wo wir herkommen und was wir in dieser Welt machen. Aber es geht noch um mehr, um unsere jüdische Kultur und Geschichte vor allem. Durch das Juze und die Jewros kann ich sagen: Ich finde es gut, jüdisch zu sein!

Reporterin: Wie genau wirken die Jewros (die Jugendlichen, die an der Jewro teilnehmen) daran mit?

Michael: Na ja, einerseits ist es natürlich für mich persönlich gut. So habe ich gelernt, vor vielen Menschen zu reden und auf der Bühne als Gruppe einen Auftritt hinzulegen, der die Zuschauer begeistert. Das hilft mir später bestimmt. Andererseits freue ich mich jedes Jahr wieder darauf, bei einer Jewro in irgendeiner deutschen Stadt meine Freunde aus anderen jüdischen Gemeinden zu treffen. Der Schabbatgottesdienst am Freitagabend ist dann ein Erlebnis! Der ist extra für uns Jugendliche, da wird gefeiert, gesungen und

Jewrovision, Mannheim

getanzt – so etwas habe ich sonst in der Gemeinde zu Hause meist nicht. Es ist einfach schön, in einer so großen Gemeinschaft zusammen zu sein. Und ich finde es prima, wenn dann in einer deutschen Stadt tausend jüdische Jugendliche von ihrer Unterkunft gleichzeitig durch die Straßen zur Konzerthalle gehen!

Reporterin: Wenn man regelmäßig dabei ist und langsam auch älter wird, fällt der Abschied von der Jewro bestimmt nicht leicht?

Michael: Das stimmt schon, aber inzwischen habe ich auch eine neue Aufgabe: Ich bin jetzt selbst Jugendleiter und bereite jüngere Mitglieder auf die Teilnahme an der Jewro vor. So kann ich etwas von meinem Wissen über meine Religion und unsere Bräuche weitergeben.

Reporterin: Jewrovision – das ist ja ein zusammengesetztes Wort ...

Michael: Ja, und das kann man auch wörtlich verstehen: Wir als junge Juden, als Jews, wie es in Englisch heißt, haben eine Vision: dass wir gemeinsam an der Gestaltung einer friedlichen Welt mitwirken.

1. Lest erst das Interview mit verteilten Rollen. Jeder/jede schreibt dann eine E-Mail an Michael, in der ihr euch vorstellt, ihm Fragen stellt oder auch noch anderes mitteilt, zum Beispiel so: Ich heiße ..., bin ... Jahre alt und katholisch. Dein Bericht hat mich beeindruckt, weil ...

2. Betrachte das Foto von der ▸ Jewrovision. Tauscht euch zu zweit über die Ausstrahlung der Jugendlichen aus.

3. Informiere dich im Lexikon unter Jewrovision über die Themen, zu denen eine Jewro veranstaltet wurde. Entscheidet euch zu zweit für ein Thema und schreibt auf, was jüdische Jugendliche dazu sagen können.

Erinnerung und Dialog

Dani Karavan, 1997–2005: Nachbau des Grundrisses der 1519 in Regensburg zerstörten Synagoge

Christen dürfen nicht vergessen, dass das Judentum Wurzel und Fundament des Christentums ist. Wer als Christ „die Synagoge" für blind erklärt, der beraubt sich selbst des Augenlichtes. Christen dürfen andere Religionen nicht missachten oder für blind erklären.

Ludwig Schick,
Erzbischof von Bamberg

1. Blättere das zurückliegende Kapitel noch einmal durch. Was ist dir wichtig geworden? Womit hast du Schwierigkeiten? Welche Fragen sind dir geblieben? Tauscht euch zu zweit darüber aus.
2. Betrachte das Foto von der Bodenskulptur „Mizrach" von Dani Karavan in Regensburg. Der Künstler wollte kein Denkmal schaffen, sondern einen „Ort der Begegnung". Ist ihm das gelungen? Diskutiert.
3. Erkläre an Beispielen aus diesem Kapitel die Aussage: „Das Judentum ist die Wurzel und das Fundament des Christentums." Lies dazu auch den Lexikonartikel ▸ Kirche und Synagoge.
4. Noch immer gibt es judenfeindliche Einstellungen. Diskutiert gemeinsam in der Klasse, wie man ihnen begegnen kann.

Projekt: „Der Glaube der anderen – Respekt!“

In Projekten sucht die Klasse zusammen mit der Lehrerin oder dem Lehrer interessante Aufgaben, die gemeinsam durchgeführt und gelöst werden. Dabei soll das Thema möglichst selbstständig in Gruppen erarbeitet und erforscht werden. Ihr könnt dabei viele eigene Ideen einbringen und ausprobieren.

In diesem Schuljahr richtet sich der Blick vielfach auch auf andere Religionen. Nicht immer haben die verschiedenen Religionen friedlich zusammengelebt – bis heute. Welche negativen Folgen das haben kann, zeigt euch das Kapitel 5 in diesem Buch.

Wählt mit eurer Lehrerin oder eurem Lehrer verschiedene Ideen aus, mit denen ihr euch an einem Aktionstag mit dem Thema „Der Glaube der anderen – Respekt!“ beschäftigen wollt.

Sechs Schritte beim Projekt

1 **Recherche –** Recherchiert über das Thema. Ihr könnt mit Interviews im Familien- und Freundeskreis beginnen. Stellt wie Reporter Fragen, so zum Beispiel: „Wenn du die Worte Toleranz und Religion hörst: Was sagst du dazu?“ – „Wie kann es gelingen, dass Menschen mit verschiedenem Glauben gut zusammenleben?“ – „Nenne drei Eigenschaften, die für dich an einer anderen Religion gut und wichtig sind.“ – „Was denkst du zu …?“ Mit einem Smartphone könnt ihr die Antworten aufnehmen. Wertet die Interviews aus und sprecht über eure Erfahrungen.

Ihr könnt auch ein Denk- und Schreibspiel zu diesem Thema machen. Schreibt auf Plakate die beiden Wörter „Toleranz“ und „Respekt“ und ergänzt zu jedem Buchstaben passende Begriffe wie in den Beispielen unten.

2 **Ideen sammeln –** Macht ein Brainstorming[M] zu möglichen Aktionen. Einige Vorschläge findet ihr auf der nächsten Seite. Ordnet die gesammelten Ideen und wählt die Aktionen aus, die ihr durchführen möchtet. Legt anschließend fest, wo sie stattfinden sollen.

3 **Arbeitsgruppen –** Teilt euch in Kleingruppen auf. Jede Gruppe erarbeitet die einzelnen Aufgaben. Kommt wieder in der Klasse zusammen und erstellt gemeinsam einen zeitlichen Ablauf. Wer macht was, wann und mit wem?

4 **Aktionstag vorbereiten und durchführen –** Sammelt Materialien, die ihr für die verschiedenen Aktionen braucht. Holt die Genehmigung der Schulleitung und bei euren Eltern ein – besonders dann, wenn Aktionen außerhalb des Schulgeländes stattfinden sollen.

5 **Aktionstag dokumentieren –** Macht Fotos während der Aktionen und verfasst einen Artikel für eure Schülerzeitung und für die Internetseite eurer Schule.

6 **Rückblick –** Reflektiert eure Erfahrungen: Womit seid ihr zufrieden gewesen, was könntet ihr beim nächsten Projekt besser machen? Was habt ihr daraus gelernt?

Ideen zum Aktionstag

Für Religionsfreiheit eintreten

Ihr könnt wie ein *Sandwich-Man* (oder eine *Sandwich-Woman*) mit Plakaten auf Brust und Rücken auftreten. Mit Aussagen zur Religionsfreiheit gestaltet ihr die Vorderseite. Hier einige Beispiele:

- „Kein Zwang ist in der Religion.“ (Der Koran, Sure 2,256; 7. Jahrhundert)
- „Die menschliche Person hat das Recht auf religiöse Freiheit.“ (2. Vatikanisches Konzil; 1965)
- „Jeder hat das Recht auf Gedanken-, Gewissens- und Religionsfreiheit.“ (Allgemeine Erklärung der Menschenrechte, Artikel 18, 1948).

Die Rückseite ist frei für weitere Gestaltungsideen oder Notizen der Betrachter. Wertet eure Eindrücke und die Reaktionen in der Klasse aus.

Einen Friedensappell entwerfen

Menschen aus verschiedenen Religionen bemühen sich um ein friedliches Zusammenleben. Unter den Suchwörtern „Religion“, „Frieden“ und „Appell“ findet ihr im Internet Beispiele. Bekannt sind zum Beispiel die Treffen in Assisi: Zum Abschluss des Friedenstreffens der Religionen unterzeichnen die Religionsvertreter einen gemeinsamen Friedensappell an die Welt. Auch als Jugendliche könnt ihr eine Botschaft für den Frieden verfassen. Am besten ist es, wenn ihr euch mit Schülerinnen und Schülern aus anderen Religionen zusammentut. An wen kann sich ein solcher Appell richten? Ihr könnt auch überlegen, wo und wie ihr ihn bekannt macht.

Plakate sprechen lassen

Ihr könnt auch eine Ausstellung mit Plakaten zum Thema machen. Plakate dürfen provozieren, wie sich an dem Plakat von Andrzej Błażejczyk (sprich: Andrej Bwaschejschik) zeigt. Diskutiert zunächst über seine Absichten. Schreibt eure Einfälle dazu und tauscht euch darüber aus. Wichtige Erkenntnisse, die sich ergeben, werden notiert. Entwerft dann verschiedene eigene Plakatideen auf großen Papierbögen. Findet aussagekräftige Bildtitel dazu. Ladet schließlich zu einem Museumsgang durch eure Ausstellung ein.

Andrzej Błażejczyk, 2016

Methoden

Aus *Religion verstehen 5* kennt ihr schon verschiedene Methoden. Sie kommen weiterhin vor und werden hier durch neue ergänzt. Tipp: Ihr könnt sie – wie auch die Methoden von Klasse 5 – auf Methodenkarten schreiben und sammeln. Die Methoden sind in verschiedene Gruppen eingeteilt und jeweils mit einem Symbol gekennzeichnet:

Bilder · Schreiben · Sprechen · Körpereinsatz · Präsentation

Bildgespräch

Mit einem Bild kannst du ein „inneres Gespräch" führen.

1. Betrachte das Bild. Lass dir Zeit und sprich dabei mit niemandem. Lass es auf dich wirken.
2. Schreibe nun Wörter auf ein Blatt, die dir zum Bild in den Sinn kommen.
3. Wenn dir ein Wort besonders wichtig ist, schreibe es ruhig mehrmals hintereinander.
4. Betrachte nun deine Liste. Welche drei Wörter würdest du dem Künstler oder der Künstlerin am liebsten sagen, wenn sie da wären? Umkreise sie.

Brainstorming

Beim Brainstorming wird den Gedanken „freier Lauf" gelassen.

Das Thema steht in der Mitte der Tafel oder einem Plakat.

1. Nach kurzer Besinnungspause beginnt der „Sturm im Gehirn" und jeder nennt, was ihm dazu einfällt. Hier gibt es kein „Richtig" oder „Falsch". Auch auf den ersten Blick weit hergeholte Gedanken werden aufgenommen. Kritik ist nicht erlaubt. Alles wird in Stichworten um die Mitte herum notiert.
2. Jetzt werden die Einfälle geordnet. Das Brainstorming bildet so die Grundlage für die weitere Beschäftigung mit einem Thema.

Heißer Stuhl

Der „heiße Stuhl" ist ein Rollenspiel. Dadurch lernt ihr, eine Meinung zu vertreten und zu argumentieren.

1. Der „heiße Stuhl" wird einem Halbkreis gegenübergestellt.
2. Dort nimmt eine Freiwillige oder ein Freiwilliger aus der Klasse Platz, der eine Meinung engagiert vertritt. Auf dem „heißen Stuhl" dürfen die Argumente auch provozierend vorgetragen werden.
3. Anschließend kommt es zu einer Diskussion über die vorgetragene Meinung.
4. Am Ende schauen alle auf die Diskussion zurück und werten sie aus. Welche neuen Sichtweisen haben sich ergeben?

Es ist auch möglich, dass der Schüler oder die Schülerin ihren Auftritt auf dem „heißen Stuhl" mit einer kleinen Gruppe vorbereitet, die dann lediglich Zuschauer bei der Diskussion sind.

Kim-Spiel

Das „Seh-Kim“ oder „Hör-Kim“ lenkt die Aufmerksamkeit.

1. Ihr betrachtet ein Bild oder hört bzw. lest eine Geschichte. Legt das Bild oder die Geschichte nun weg.
2. Schreibt jetzt in zwei Minuten alles auf, was ihr auf dem Bild gesehen oder in der Geschichte gehört oder gelesen habt.
3. Tragt nun gemeinsam alles an der Tafel oder einem Plakat zusammen, was ihr aufgeschrieben habt. Mehrfachnennungen werden mit Strichen gekennzeichnet.
4. Wertet jetzt aus: Was wurde oft genannt, was fehlt – und warum?

Lapbooks erarbeiten

Ein Lapbook ist ein selbst gemachtes Klappbuch, mit dem du Arbeitsergebnisse zu einem Thema sammeln und am Ende präsentieren kannst.

1. Verwende dazu farbiges Kartonpapier in DIN-A3. Du brauchst außerdem: DIN-A4-Papier, Klebstoff, Schere, verschiedenfarbige Stifte, weiteres Material, das du zum Thema findest.
   - Falte das Kartonpapier in der Mitte und wieder zurück (A).
   - Falte dann noch einmal bis zur gefalteten Mittellinie und zurück (B).
   - Klebe ein DIN-A4-Papier in die Mitte (C).
   - Klappe die beiden Seiten deiner „Sammelmappe“ zu. Fertig ist die Grundstruktur für das Lapbook (D).

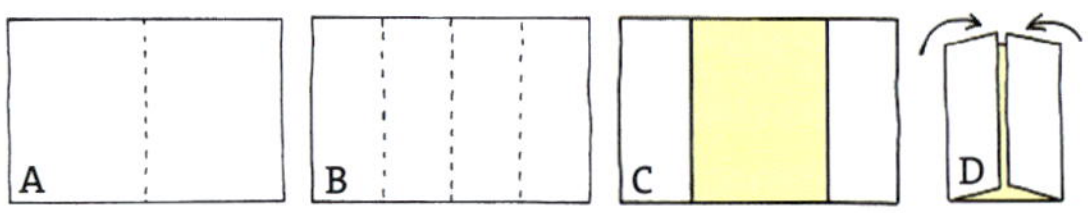

2. Auf der Außenseite soll das Thema durch Bild und Schrift gut erkennbar sein.
3. Beschäftige dich mit deinem Thema. Sammle Ideen, entwickele eigene Fragestellungen.
4. Suche dann zu deinen Ideen Material: Das können Texte, Gedichte, Bilder aus dem Schulbuch sein, die du abzeichnen, abschreiben und abmalen kannst. Kombiniere dies mit eigenen Zeichnungen.
5. Bereite dein Material logisch auf, stelle es sinnvoll zusammen. Klebe es auf und zeige zum Schluss anhand deines Lapbooks, was du dir erarbeitet und gelernt hast.

Schreibgespräch

In einem Schreibgespräch tauscht ihr in Kleingruppen eure Gedanken aus, ohne zu sprechen.

1. Legt ein Plakat vor euch auf den Tisch.
2. Schreibt in die Mitte ein Thema oder eine Frage.
3. Jeder von euch äußert sich nun schriftlich dazu. Man kann dabei der Meinung eines anderen zustimmen, ihr widersprechen, sie infrage stellen, weiterführen, eine ganz neue Idee dazuschreiben oder Symbole hinzufügen.
4. Nach ca. 10 Minuten wird das Schreibgespräch beendet. Sprechen ist wieder erlaubt. Nun findet eine Auswertung statt. Was habt ihr Neues gelernt?

Lexikon

Abtei Eine Abtei ist ein Kloster, das von einem Abt (lat. „Vater") als Vorsteher geleitet wird. Vor allem Klöstern des Benediktinerordens stehen Äbte und Äbtissinnen vor, weswegen sie auch Abteien genannt werden.

Bibliothek der Benediktinerabtei Metten

Allerseelen Katholisches Fest zum Gedenken an die Verstorbenen. Es ist Brauch an diesem Tag, den Friedhof zu besuchen und die Gräber der verstorbenen Verwandten und Freunde zu schmücken sowie Fürbitten für sie zu halten. Der Tag folgt auf das katholische Hochfest Allerheiligen.

Antisemitismus Mit dem Wort wird eine neue Art der Judenfeindschaft bezeichnet, die um 1880 entstand. Viele Menschen waren durch die neue Industriegesellschaft verunsichert, und Antisemiten klagten die Juden an, die Herrschaft über die ganze Welt an sich reißen zu wollen. In dieser Zeit kam auch die Vorstellung auf, dass es zwischen Menschen naturgegebene Unterschiede gebe, sodass man sie schließlich sogar in angeblich wertvollere und minderwertige Rassen einteilte. Zu den minderwertigen Menschen rechneten die Nationalsozialisten vor allem die Juden, aber auch Sinti und Roma, Osteuropäer oder Menschen mit Behinderungen. Die schwerwiegendste Folge des Antisemitismus war die ▸ Schoah.

Beschneidung Am achten Tag nach der Geburt wird ein jüdischer Junge an der Vorhaut beschnitten. Die Beschneidung ist ein Zeichen des Bundes Gottes mit dem Volk Israel. Am Tage der Beschneidung erhält der Junge seinen Namen und die ganze Familie feiert ein Fest. Die Beschneidung stammt schon aus vorbiblischer Zeit und hat neben dem religiösen auch einen hygienischen Wert. Auch für Muslime in aller Welt ist die Beschneidung ein wichtiges religiöses Gebot. Manche erleben die kleine Operation schon als Säugling, viele aber erst als Kinder und Jugendliche. Meist feiert auch im Islam die ganze Familie ein Beschneidungsfest. In der Türkei fällt es besonders prachtvoll aus.

Einsiedler/-in Einsiedler sind Menschen, die das Leben in Einsamkeit wählen, um sich ohne Ablenkung und Zerstreuung in Gebet und Meditation auf Gott einzulassen. Viele leben dazu in Einsiedeleien, einfachen Hütten, abseits der Dörfer und Städte. Heute gibt es oft Einsiedler für eine gewisse Zeit, die Tage, Wochen oder Monate die Einsamkeit suchen, um sich zu besinnen und Kraft zu schöpfen.

Fest der Torafreude Am Fest der Torafreude werden in der Synagoge alle Torarollen aus dem Schrein genommen und durch die Synagoge getragen. Dazu tanzt und singt die Gemeinde. Die jüdischen Kinder haben großen Spaß. Sie toben und bekommen Süßigkeiten. In Israel tragen Gläubige die Torarollen durch die Straßen und tanzen fröhlich um sie herum.

Firmung Die Firmung (wörtl.: Stärkung) ist eines der sieben Sakramente, bei dem der Bischof oder ein durch ihn beauftragter Priester durch Salbung und Handauflegung den Geist Gottes auf den Firmling herabruft. Die Zeichen und Worte bedeuten, dass Gott den Firmling annimmt und stärkt. Bei der Firmung wird der in der Taufe geschlossene Bund mit dem nun selbst entscheidenden jungen Menschen besiegelt. Er sagt damit selbst „Ja" zu seinem Glauben und zur Kirche.

Fisch Der Fisch ist ein altes christliches Symbol, das in der Zeit der Christenverfolgung entstand. Das Wort „Fisch" heißt im Griechischen *ICHTHYS* und steht für *Iesous CHristos, THeou Yios, Soter*. Das bedeutet übersetzt: „Jesus Christus, Gottes Sohn, Retter". Das Symbol diente als geheimes Erkennungszeichen, weil nur Christen verstanden, was es bedeutete, wenn es jemand in den Sand zeichnete oder mit einem nassen Finger auf den Tisch malte.

Höllenreiner, Hugo Hugo Adolf Höllenreiner (1933–2015) war ein deutscher Sinto. Als neunjähriger Junge wurde er im März 1943 zusammen mit seiner Familie aus München in das sogenannte „Zigeunerlager" Auschwitz-Birkenau deportiert. Durch glückliche Zufälle überlebte er Auschwitz und drei weitere Konzentrationslager und wurde am 15. April 1945 befreit. Seit 1993 ist Hugo Höllenreiner vor Tausenden von Schülerinnen und Schülern als Zeitzeuge mit seiner Lebensgeschichte aufgetreten, die von der Schriftstellerin Anja Tuckermann aufgeschrieben wurde. Dem Völkermord an den Sinti und Roma sind etwa 500 000 Menschen zum Opfer gefallen. Jedes Jahr am 2. August gedenkt die Minderheit der Sinti und Roma in Auschwitz ihrer Angehörigen.

Hugo Höllenreiner bei einer Gedenkveranstaltung in Auschwitz-Birkenau, 2009

Jewrovision Seit 2002 gibt es den Jewrovision Song Contest (kurz „Jewro"). Dieser Sing- und Tanz-Wettbewerb wurde in Anlehnung an den Eurovision Song Contest von der „ZWST", der Zentralwohlfahrtsstelle der Juden in Deutschland, ins Leben gerufen. Jugendliche im Alter von 11 bis 19 Jahren aus den jüdischen Gemeinden in Deutschland treffen sich an einem Wochenende zu einem Begegnungsfest mit Aktionsgruppen, Gesprächen über jüdische Themen und Gottesdiensten, bevor am Samstagabend der Wettbewerb startet. Jewros gab es zu Themen wie: *Sag niemals nie; Back to the roots; The future is now; Make a difference*. Zu diesen Wettbewerben am Samstagabend sind auch Nichtjuden eingeladen. Viele Eindrücke von den Jewros sind im Internet zu finden.

Jiddisch Die jiddische Sprache hat sich aus dem Deutschen entwickelt, wie es im Mittelalter gesprochen wurde. Die eingewanderten Juden aus Italien, Spanien und vielen anderen Ländern übernahmen durch Kontakte zu den Christen, die hier lebten, natürlich auch ihre Wörter. So entstand die jiddische Sprache. Bei der Vertreibung der Juden in den Osten Europas wurde diese neue Sprache sozusagen mitgenommen und dann vor allem dort über Jahrhunderte weitergesprochen. Aber auch in Deutschland interessierten sich noch viele dafür. Deshalb haben auch heute noch viele Wörter jiddische Wurzeln.

Judentum Im Judentum gibt es verschiedene Strömungen, die wichtigste Unterscheidung ist die zwischen orthodoxen und liberalen Juden. Die Gläubigen im orthodoxen Judentum (von orthodox = rechtgläubig) bemühen sich, alle Vorschriften und Bräuche der Tora ganz genau einzuhalten. Das liberale Judentum (von liberal = frei) entstand im 19. Jahrhundert. Als die Juden in der Mehrheitsgesellschaft anerkannt wurden, passten für sie viele orthodoxe Vorstellungen und Regeln nicht mehr in die neue Gesellschaft. Deshalb wurden von liberalen Juden Reformen vorgenommen. Viele Vorschriften verstehen sie als wichtige Anregungen, die auf ihren Sinn hin überprüft werden müssen. Heute können in liberalen Gemeinden auch Frauen Rabbinerinnen werden, in orthodoxen Gemeinden nicht.

Kippa Die Kippa ist eine kleine Kappe, die den Kopf des Betenden bedeckt. Die Kopfbedeckung ist ein Zeichen der Ehrfurcht, des Respekts und der Bescheidenheit vor Gott. Es gibt sie in verschiedenen Stoffen, unterschiedlichen Farben und Mustern. Manche Juden tragen die Kippa nur zum Gebet, wenn sie aus der Tora lesen und wenn sie essen; manche tragen sie den ganzen Tag. In einer Synagoge müssen alle Männer eine Kippa aufsetzen, auch wenn sie keine Juden sind. Im Laufe der Zeit ist die Kippa zu einem Erkennungszeichen gläubiger Juden geworden. Frauen können anstatt der Kippa Perücken tragen, oder sie verhüllen ihr Kopfhaar mit einem Schleier oder einem Kopftuch.

Kirche und Synagoge Um das Verhältnis von Christentum und Judentum darzustellen, wählte man im Mittelalter oft zwei Figuren, die „Kirche" und die „Synagoge". Ab dem 9. Jahrhundert sind „Kirche" und „Synagoge" als weibliche Darstellungen in kostbaren Bibeln zu finden, ab dem 13. Jahrhundert im Kirchenbau als Statuen an Portalen oder in Glasfenstern. Die Figur der Synagoge wird oft mit einer Augenbinde dargestellt, mit der man zum Ausdruck bringen wollte, dass das Judentum blind für Jesus Christus gewesen sei. Andere Kennzeichen wollen deutlich machen, wie kraftlos das Judentum dadurch aus der Sicht der Christen ist. Diese alten Darstellungen haben sich tief im Bewusstsein der Christen eingegraben und stehen für eine abwertende Haltung den Juden gegenüber. Blutige Gewaltausbrüche gegenüber Juden waren dann schreckliche Folgen.

Konfirmation Bei der Konfirmation sagen evangelische Jugendliche zum ersten Mal selbst „Ja" zu ihrem Glauben und zur evangelischen Kirche. Sie bekommen alle Rechte und Pflichten eines erwachsenen Christen. In dieser Weise ist Konfirmation ein Fest des Erwachsenwerdens. Die Konfirmation ist Zugangsberechtigung für das gemeinsame Abendmahl. Der Tag der Konfirmation wird im Gottesdienst und in der Familie groß gefeiert. Der Konfirmation entspricht bei katholischen Jugendlichen die Firmung.

Kirche *(Ecclesia)* links und Synagoge rechts am Hauptportal der Trierer Liebfrauenkirche, 13. Jahrhundert

Konzentrationslager Sofort ab 1933, nach der Machtergreifung, errichteten die Nationalsozialisten Lager, in die Menschen gesperrt wurden. Man wollte ihren Widerstand gegen die neue Herrschaft brechen, indem man sie unterdrückte, schikanierte, mundtot machte und ermordete. Über ganz Mitteleuropa zog sich ein Netz von Konzentrationslagern, in denen die Häftlinge, Männer, Frauen und Kinder, eingesperrt waren. Die Gefangenen litten unter unmenschlichen Lebensbedingungen und der Zwangsarbeit. Viele starben an Hunger, Entkräftung und Krankheiten. Im Konzentrationslager Dachau wurden bis 1945 mehr als 40 000 Menschen ermordet.

Kreuzzüge Kreuzzüge waren Kriege von Christen gegen Andersgläubige, besonders gegen die Muslime im Mittelalter. Insgesamt kam es „im Zeichen des Kreuzes" zwischen 1096 und 1291 zu sieben Kreuzzügen, an denen mehrere Hunderttausend Menschen teilnahmen. Seit dem 7. Jahrhundert waren weite Gebiete Europas und im Nahen Osten unter islamischer Herrschaft. Päpste und Kaiser wollten das Heilige Land mit Waffengewalt zurückerobern und Jerusalem aus der „Fremdherrschaft" der „Ungläubigen" befreien. Dafür versprach der Papst den „Kreuzfahrern" den Erlass ihrer Sündenstrafen. Die Kreuzzüge haben viel brutale Gewalt und unermessliches Leid hervorgebracht. Heute fragen wir: Wie konnten gläubige Christen im Namen Gottes anderen Menschen so etwas antun?

Märtyrer/-innen sind Menschen, die wegen ihrer Überzeugung verfolgt und getötet wurden. Christen und Christinnen mussten in den ersten drei Jahrhunderten auch immer wieder als „Sündenböcke" im Römischen Reich herhalten. In der einen Provinz mehr, in der anderen weniger, drohte ihnen Verhaftung. Ihre Häuser wurden beschlagnahmt oder niedergebrannt. Viele wurden im Zirkus Raubtieren vorgeworfen oder auf andere Weise hingerichtet. Es ist überliefert, dass die Apostel Petrus und Paulus in Rom den Märtyrertod fanden. Als ersten Märtyrer führt das Neue Testament den heiligen Stephanus an. Im Christentum werden Märtyrer als Glaubenszeugen verehrt, weil sie für den Glauben an Jesus Christus Zeugnis abgelegt haben. Sie taten es, obwohl sie wussten, dass sie damit ihr Leben riskieren. Sie werden deshalb auch „Blutzeugen" genannt. Schon bald wurden Märtyrer in der Kirche verehrt. Ihr Todestag wird festlich begangen.

Martyrium von Christen auf einem römischen Mosaik, 3. Jahrhundert

Mesusa Die Mesusa ist eine längliche Hülse oder Kapsel, die an den rechten Türpfosten jüdischer Häuser und Wohnungen sowie Synagogen angebracht ist und eine kleine Pergamentrolle mit zwei Abschnitten aus der Tora (Dtn 6,4–9 und Dtn 11,13–21) enthält. Beim Hinein- und Herausgehen berühren gläubige Juden die Mesusa und sprechen die Gebete.

Mesusa an der Tür eines jüdischen Hauses

Missio Missio ist der Name eines internationalen katholischen Hilfswerks, das sich für Projekte in Afrika, Asien und Ozeanien einsetzt. Es ruft zu Spenden auf und fördert vor allem die Aus- und Weiterbildung von kirchlichen Mitarbeitern, Priestern und Ordensleuten. Auch Kirchen und Missionsstationen werden unterstützt. Ein bestimmter Betrag aus den Spenden wird jeweils als Soforthilfe bei Katastrophen und besonderen Notsituationen eingesetzt.

Philosoph/-in Philosophen sind Menschen, die durch ihr Denken danach streben, Antworten auf ganz grundlegende Fragen des Menschen und der Welt zu finden. Dabei beschäftigen sie sich auch mit Antworten, die zu früheren Zeiten schon gegeben wurden. Das Wort heißt übersetzt „Freund/-in der Weisheit".

Priesterweihe Mit Priesterweihe wird umgangssprachlich das Sakrament der Weihe bezeichnet, welches die Männer empfangen, die Priester werden. Priester haben die Aufgabe, den Glauben zu feiern, das Wort Gottes zu verkünden, die Sakramente zu spenden und Menschen in Not beizustehen. Für diese Aufgabe werden sie vom Bischof geweiht. Dabei soll deutlich werden: Wie Jesus damals seine Apostel gesandt hat, so werden heute durch den Bischof Priester ausgesandt. Sie sollen dabei eine Brücke von Gott zu den Menschen sein. Zum Priester geweiht wird man nicht nur aufgrund eigener Entscheidung. Priester sollen von Gott berufen sein. Der Bischof, seine Mitarbeiter und die Gemeinden prüfen, ob eine solche Berufung vorliegt und der Kandidat geeignet ist. Das Weihesakrament ist eines der sieben Sakramente. Wer sich dafür entschließt, verzichtet gleichzeitig auf das Sakrament der Ehe.

Rabbiner/-in Das Wort Rabbiner kommt vom hebräischen Wort „Rabbi" und bedeutet übersetzt „mein Lehrer", „mein Meister". Rabbiner sind ursprünglich die Schriftgelehrten einer jüdischen Gemeinde; heute sind sie die von der Gemeinde berufenen Religionslehrer/-innen und Prediger/-innen.

Ritualmorde Bei einem Ritualmord wurden aus religiösen Gründen nach festgelegten Regeln, also einem Ritual, Menschen einer Gottheit geopfert. Das war bei einigen alten Religionen so, zum Beispiel in Mittelamerika, in Indien oder auch in Kanaan, bevor die Israeliten kamen. Immer wieder hat man aber auch Juden nachgesagt, dass sie für ihre religiösen Feiern angeblich Menschen ermorden, was nie gestimmt hat. Dennoch boten diese Erzählungen den Vorwand, Juden zu verfolgen, zu vertreiben und zu ermorden.

Schoah Das Wort heißt übersetzt „große Katastrophe" und meint den Völkermord an 6 Millionen Juden in der Zeit des Nationalsozialismus.

Tallit Der Tallit ist ein rechteckiger Gebetsschal aus weißer Wolle, Baumwolle oder Seide. Die meisten Juden tragen zum Gebet einen Tallit. An den Seiten hat er blaue oder schwarze Streifen. Der Tallit wird getragen, um sich Gott zu öffnen und seine Worte und Weisungen einzuhalten.

Talmud Der Talmud ist die Sammlung der Ausführungen und Kommentare zur Tora von jüdischen Gelehrten. Es gibt zwei Talmudim: eine kürzere, ältere in Palästina überarbeitete Fassung (Jerusalemer Talmud) und eine umfangreichere, jüngere aus Babylonien (babylonischer Talmud).

Tefillin Die Tefillin sind Gebetsriemen aus Leder mit zwei Kapseln, welche Juden beim Gebet tragen. In ihnen stecken kleine Pergamentrollen mit vier Abschnitten aus der Tora (Ex 13,1–10; Ex 13,11–16; Dtn 6,4–9; Dtn 11,13–21). Eine Kapsel trägt der Betende auf der Stirn, die andere wird mit einem Lederriemen so um den linken Arm geschlungen, dass sie genau vor dem Herzen liegt.

Junger Mann mit ▸ Tefillin, ▸ Tallit und ▸ Kippa beim Gebet vor der Westmauer in Jerusalem

Todesmarsch Zum Ende des 2. Weltkrieges wurden ▸ Konzentrationslager, die in Frontnähe waren, von den Nationalsozialisten evakuiert und die Häftlinge in andere Lager transportiert. Auf oft wochenlangen Transporten und Märschen starben Tausende von Häftlingen. Die Gefangenen waren gezwungen, kilometerweit zu laufen, ohne dass sie zu essen oder zu trinken bekamen oder sich ausruhen konnten. Sie kamen ums Leben durch Krankheiten und Unterernährung, durch Schläge der Nazis oder weil sie, wenn sie nicht mehr transportfähig waren oder nicht mehr weitergehen konnten, erschossen wurden. Diese Märsche werden Todesmärsche genannt.

Das geschah auch vom Konzentrationslager Dachau aus, von wo rund 7000 Häftlinge Richtung Süden getrieben wurden. Ein Mahnmal zum Gedenken an die Todesmärsche wurde an 20 Orten entlang der Strecke der Todesmärsche aus dem KZ Dachau aufgestellt. Es stammt vom Künstler Hubertus von Pilgrim.

Mahnmal zum Gedenken an die Todesmärsche in Dachau, Achmühle, Landkreis Bad Tölz-Wolfratshausen

Vernichtungslager Im Unterschied zu ▸ Konzentrationslagern haben die Nationalsozialisten Vernichtungslager einzig zu dem Ziel gebaut, Menschen darin zu ermorden. Wenn die Verschleppten dort oft nach tagelangen Zugfahrten in Viehwaggons ankamen, mussten sie sich nackt ausziehen und wurden dann erschossen, erschlagen, ins offene Feuer geworfen oder im Gas erstickt. Dazu verwendeten die Mörder die Abgase von Dieselmotoren oder Gift zur Schädlingsbekämpfung. Die Vernichtungslager befanden sich mehrheitlich in Polen, das damals von den Deutschen besetzt war. Die bekanntesten heißen Kulmhof, Sobibor, Treblinka, Majdanek, Belzec und Auschwitz-Birkenau. Innerhalb von sechs Wochen wurden so zum Beispiel in Auschwitz-Birkenau fast 500 000 jüdische Männer, Frauen und Kinder aus Ungarn ermordet; von einer halben Million Opfer aus Belzec haben nur zwei überlebt.

Zünfte Vereinigungen von Handwerkern, die sich im Mittelalter zusammenschlossen, um ihre Anliegen und Interessen zu vertreten. Um etwa Bäcker zu sein, musste man der Bäckerzunft angehören. Die Zunft schrieb zum Beispiel vor, wie die Ausbildung der Lehrlinge aussehen sollte. Zünfte halfen auch den Familien, wenn ein Geselle krank wurde oder starb.

Zwölf Stämme Israels Die zwölf Stämme Israels, die auf die zwölf Söhne Jakobs zurückgehen (vgl. Gen 49,28), bilden zusammen das Volk Israel. Nach der Bibel sprach Gott immer zu diesen zwölf Stämmen, wenn er zu Israel sprach. Dabei ist die Zahl Zwölf ein Symbol für Ganzheit und Gesamtheit. In gleicher Weise hat Jesus zwölf Apostel berufen.